PUBLICATION DE LA SOCIÉTÉ « LA SABRETACHE »

LES
MARINS DE LA FLOTTILLE

ET LES

OUVRIERS MILITAIRES DE LA MARINE

PENDANT LA CAMPAGNE DE 1809 EN AUTRICHE

PAR LE COMMANDANT S....

I

LIBRAIRIE MILITAIRE BERGER-LEVRAULT ET Cie

Éditeurs du « Carnet de la Sabretache »

PARIS | NANCY
5, RUE DES BEAUX-ARTS | 18, RUE DES GLACIS

1896

LES
MARINS DE LA FLOTTILLE

ET LES

OUVRIERS MILITAIRES DE LA MARINE

NANCY. — IMPRIMERIE BERGER-LEVRAULT ET Cie.

PUBLICATION DE LA SOCIÉTÉ « LA SABRETACHE »

LES
MARINS DE LA FLOTTILLE

ET LES
OUVRIERS MILITAIRES DE LA MARINE

PENDANT LA CAMPAGNE DE 1809 EN AUTRICHE

PAR LE COMMANDANT S....

I

LIBRAIRIE MILITAIRE BERGER-LEVRAULT ET Cⁱᵉ

Éditeurs du « Carnet de la Sabretache »

PARIS	NANCY
5, RUE DES BEAUX-ARTS	18, RUE DES GLACIS

1896

LES MARINS DE LA FLOTTILLE

ET LES

OUVRIERS MILITAIRES DE LA MARINE

PENDANT LA CAMPAGNE DE 1809 EN AUTRICHE

La plupart des ouvrages publiés sur les guerres de la Révolution, du Consulat et de l'Empire ne font pas mention du rôle joué par les troupes de la marine dans les opérations continentales. Quelques rares écrivains indiquent, en quelques mots seulement, leur présence aux armées, ou leur action dans certaines circonstances de guerre.

Il nous a paru qu'il pouvait être utile de combler cette lacune, au moins sur un point, en apportant une contribution à l'histoire des formations auxiliaires de la marine sous le Premier Empire. C'est ainsi que nous avons été amené à retracer le rôle de ces troupes pendant la campagne de 1809, sur le Danube. Au cours de ces opérations, les marins ont été, par les services qu'ils ont rendus, les réels auxiliaires de l'armée de terre.

Alors que Napoléon se préparait, avec une extrême activité, à faire face aux armements de l'Autriche, en 1809, et à répondre à l'attaque inopinée que préparait cette puissance, il adressait, à la date du 9 mars, la lettre suivante au ministre de la marine :

« Monsieur le vice-amiral Decrès, je désire avoir un des bataillons de la flottille à l'armée du Rhin[1]. Voici quel serait mon but ; faites-moi connaître s'il serait rempli. 1,200 marins seraient fort utiles cette année pour le passage des rivières et pour la navi-

---

1. Armée d'occupation en Allemagne qui servit de noyau de formation à la Grande-Armée de 1809.

gation du Danube. Mes marins de la garde m'ont rendu de grands services dans les dernières campagnes, mais ils faisaient un service qui était indigne d'eux. Les marins qui composent les bataillons de la flottille savent-ils tous nager ? sont-ils tous capables de mener un bateau dans une rade ou dans une rivière ? savent-ils l'exercice de l'infanterie ? S'ils ont cette instruction, ils me seront fort utiles. Il faudrait envoyer avec eux quelques officiers d'artillerie de marine et une centaine d'ouvriers avec leurs outils. Ce serait d'une grande ressource pour le passage et la navigation des rivières. »

Quelques jours après, le 14 mars, l'Empereur écrivait de Rambouillet, au ministre de la marine, la lettre suivante :

« Monsieur le vice-amiral Decrès, je désirerais avoir à l'armée du Rhin 2,000 hommes de marine. D'abord un équipage de la flottille, qui serait armé de fusils et porterait, au lieu de briquets, des outils. La première compagnie, par exemple, aurait des haches, la seconde des pioches, la troisième des pics-hoyaux, la quatrième des pelles. Ces outils seraient portés en bandoulière en place de briquets.

« Je voudrais ensuite avoir un bataillon de conscrits ouvriers de la marine, de quatre compagnies, qui seraient commandées par des officiers d'artillerie de la marine qui eussent servi, s'il est possible, dans les ouvriers. Chaque compagnie serait de 140 hommes. Le bataillon serait commandé par un chef de bataillon de l'artillerie de la marine qui ait servi dans les ouvriers. Ces ouvriers porteront également des outils en bandoulière en guise de briquets et seront armés de fusils. Ces compagnies d'ouvriers seront du même ordre que celles qui sont dans l'artillerie. Ces deux corps seront attachés au génie de l'armée. Ils seraient utiles pour le passage des grandes rivières ou pour conduire des petites embarcations armées ou des bateaux pour la navigation. Il faudrait qu'il y eût dans ces compagnies d'ouvriers quelques calfats, contremaîtres, charpentiers et par compagnie un officier ingénieur de marine ayant l'habitude de construire des vaisseaux, des bateaux ou de les réparer.

« Occupez-vous de cela sans délai et présentez-moi un projet mercredi. »

Le même jour, l'Empereur écrivait au Major général :

« J'ai demandé au ministre de la marine un des quatre équipages de la flottille de Boulogne formant 1,200 marins, pour servir au passage et à la navigation des rivières. Entendez-vous avec ce ministre pour pourvoir à l'armement et à l'habillement de cet équipage et proposez-moi sans délai sa mise en activité. Il faut qu'il soit commandé par un officier de marine intelligent. On pourrait y nommer le capitaine Baste, qui a déjà fait la guerre de terre et qui paraît s'y être distingué. »

Ces prescriptions de l'Empereur sont le prélude de l'emploi des marins de la flottille et des ouvriers militaires de la marine sur le Danube en 1809. Mais avant de suivre ces troupes à travers l'Allemagne et de signaler leur collaboration aussi active que dévouée aux plus grands événements de la campagne, il nous paraît nécessaire de faire connaître leur origine, leur organisation et d'indiquer brièvement la part prise par les marins dans les guerres continentales qui ont précédé la campagne de 1809 en Allemagne.

C'est en 1796 en Italie que, pour la première fois, le général Bonaparte fait appel aux marins pour les faire concourir à des opérations spéciales, particulièrement à des opérations de blocus et de siège sur les lacs. Ainsi, le lieutenant de vaisseau Baste, dont le nom reviendra souvent dans cette étude, est-il appelé à l'armée d'Italie par le général Bonaparte qui lui confie le commandement des flottilles du lac de Mantoue pendant le blocus et le siège de cette place.

Aussi, voit-on dans les états de service de cet officier « qu'il a soutenu, sur le lac, plusieurs combats et brûlé la flottille lors de la retraite du 13 thermidor an IV (1er juillet 1796) », que, « revenu sur le lac, il commande encore la flottille avec laquelle il livre plusieurs combats jusqu'à la reddition de cette place ».

Une flottille opérait également sur le lac de Garda.

Dans plusieurs lettres adressées à M. Redon de Belleville, consul de la République à Livourne, lettres qui ont été récemment publiées, le général Bonaparte réclame le concours de cet agent pour se procurer des marins. Le 24 thermidor an IV (12 juillet 1796) il lui écrit : « Je vous ai déjà écrit plusieurs fois, citoyen « consul, pour vous prier de me faire passer le plus tôt possible « une centaine de marins français qui me sont de la plus grande « nécessité pour accroître nos armements sur le lac de Garda, ce « qui a une grande influence sur nos opérations militaires. » Le 4 brumaire an V (25 octobre 1796) : « Je vous ai déjà écrit, citoyen, « que j'avais besoin de 200 à 300 matelots français destinés à être « employés à la défense des lacs d'Italie. »

Le général Bonaparte déjà préludait aux grandes conceptions de l'Empereur, en faisant concourir toutes les capacités aux buts qu'il se proposait d'atteindre.

Les marins qui, sous le nom de Marins de la flottille, devaient concourir aux opérations militaires sur le Danube, en 1809, avaient leur origine dans l'organisation de la flottille de Boulogne, alors que le premier Consul préparait la descente en Angleterre.

La multitude et la diversité des bateaux réunis dans les ports de la Manche avaient nécessité leur groupement en divisions, escouades ou sections. C'est alors que le premier Consul constitua les équipages de la division consulaire par l'arrêté suivant :

Saint-Cloud, le 30 fructidor an XI de la République
(17 septembre 1803).

Le Gouvernement de la République, sur le rapport du ministre de la marine et des colonies, arrête :

Art. 1er. — Il sera formé un bataillon de marins qui portera le nom de Bataillon des matelots de la Garde.

Art. 2. — Le bataillon sera composé de 5 équipages.

Art. 3. — Chaque équipage sera composé de 5 escouades.

Art. 4. — La force du bataillon se composera comme suit :

État-major.

1 capitaine de vaisseau, commandant du bataillon.
1 lieutenant de vaisseau, adjudant.
5 capitaines de frégate ou lieutenants de vaisseau commandants d'équipages.

25 lieutenants ou enseignes commandants d'escouades.
25 maîtres.
25 contremaîtres.
25 quartiers-maîtres.
625 matelots.
5 trompettes.

Total. 737 hommes, officiers, officiers-mariniers et trompettes compris.

Art. 5. — Chaque équipage sera composé comme suit :
1 capitaine de frégate ou lieutenant de vaisseau commandant.
5 lieutenants de vaisseau ou enseignes commandants d'escouades.
5 maîtres d'équipages.
5 contremaîtres.
5 quartiers-maîtres.
125 matelots.
1 trompette.

Total. 147.

Art. 6. — Chaque escouade sera composée comme suit :
1 lieutenant de vaisseau ou enseigne commandant.
1 maître d'équipage.
1 contremaître.
1 quartier-maître.
25 matelots.

Total. 29.

L'arrêté du Gouvernement, relatif à l'organisation du bataillon des matelots de la Garde en date du 28 frimaire an XII, fixe de la manière suivante l'uniforme de cette troupe :

L'habillement des matelots de la Garde sera composé comme ci-après, savoir :
Paletot de drap bleu orné de tresse jaune, collet bleu, parement de drap rouge.
Gilet de drap rouge.
Pantalon de drap bleu, avec un galon de laine jaune sur les coutures et le devant.
Capote de drap bleu.
Shako bordé d'une ganse jaune en laine, surmonté d'un pompon.
Bonnet de police.
Bottes.

Boutons de cuivre jaune pareils à ceux de la Garde avec une ancre, au milieu du faisceau.

Les maîtres, contremaîtres et quartiers-maîtres porteront les mêmes décorations que les sous-officiers de la Garde auxquels ils sont assimilés ;

Savoir :

Les maîtres, celles attribuées aux maréchaux des logis chefs ;
Les contremaîtres, celles des maréchaux des logis ;
L'habillement des trompettes sera le même que celui des trompettes de la Garde.

Les officiers porteront l'uniforme et les épaulettes de leur grade avec une aiguillette en or.

L'armement des matelots de la Garde sera de trois espèces :
Un tiers du bataillon sera armé d'un sabre ;
Le second tiers d'une hache ;
Et le troisième tiers d'une pique.
Tous les matelots porteront le pistolet à la ceinture.

Peu de temps avant, l'uniforme des marins de la flottille avait été également fixé de la manière suivante :

Tous les marins de la flottille seront armés d'un sabre. Ils auront, en outre de leur habit ordinaire, un vêtement uniforme.

Cet uniforme sera composé d'une veste croisée de drap bleu, collet montant de drap écarlate, haut de deux pouces, manches avec parement de même couleur que la veste ; la manche ouverte sur la main et surmontée d'une patte écarlate d'un pouce de large, avec trois boutonnières ; brassard écarlate[1] sur l'épaule, tombant de 4 pouces sur le bras ; boutons de cuivre à l'ancre.

Les maîtres et officiers mariniers porteront un galon d'or, ou de laine jaune, pour marques distinctives des grades dont ils jouissent, et analogues ou correspondants à ceux du service de terre.

Lorsque l'Empereur eut ajourné son projet de descente en Angleterre, et dirigé sur un autre point la puissance de son armée,

---

1. Ici, le mot : *brassard*, détourné de sa signification ordinaire, désigne sans doute une *épaulière* de drap écarlate, telle que celle donnée par l'Empereur au Régiment d'Illyrie pour le distinguer. Cette dernière « devait tomber de deux pouces sur la moitié antérieure du haut du bras ». C'était, en somme, le *nid d'hirondelle* que portent encore les tambours et trompettes allemands. D'après des dessins faits à cette époque en Allemagne, il se pourrait que des épaulettes rouges aient été substituées par des détachements de marins à ces épaulières. Une troupe de ce genre est représentée marchant l'arme au bras et sac au dos, et coiffée du chapeau de forme assez haute que portaient alors les matelots.   V.

les équipages des nombreux bateaux qui étaient réunis dans les différents ports de la Manche, particulièrement à Boulogne, à Vimereux et Ambleteuse furent mis à terre et une organisation nouvelle s'imposa pour obtenir une plus grande unité dans le commandement et l'administration des équipages minuscules des bateaux de la flottille impériale.

Par un décret daté du 25 janvier 1807, ces équipages furent d'abord formés en trois régiments ; puis, l'Empereur ayant, par décret du 2 mars 1808, constitué tous les équipages des vaisseaux de guerre en bataillons, il appliqua cette organisation aux marins de la flottille.

Ce nouveau décret, daté du 7 avril, forme cinq bataillons de la flottille ; chacun d'eux est commandé par un capitaine de vaisseau et comprend 9 compagnies commandées par des lieutenants de vaisseau et formant un effectif de 132 hommes par compagnie, non compris les officiers et aspirants.

L'effectif du bataillon est de 1,254 hommes. Chaque bataillon devait former l'équipage de 81 bâtiments de la flottille.

Le 15 janvier 1808, un décret organisait 18 compagnies d'ouvriers militaires de la marine.

Chaque compagnie, désignée par un numéro, est composée de 209 hommes :

Capitaine	1	
Lieutenant	1	
Sergent-major	1	
Sergents	4	
Caporal-fourrier	1	
Caporaux	8	
Ouvriers	192	46 de 1re classe. 37 de 2e classe. 30 de 3e classe.
Tambour	1	
Total	209	

Lorsqu'il y avait dans un port plus de 4 compagnies, il en était formé un bataillon dont le commandement était confié à un capitaine de frégate ou à un ingénieur du grade correspondant.

Le décret du 15 janvier 1808 décrit l'uniforme des ouvriers de la marine de la manière suivante :

Habit-veste de drap bleu foncé, doublé de serge de même couleur, bordé d'un liséré rouge; revers, parements et collet montant de velours noir, poche en dessous. L'habit sera garni de sept petits boutons à chaque revers ; il y aura une ancre sur un des côtés du retroussis et deux haches en sautoir sur l'autre.

Parements fendus et attachés avec trois petits boutons.

Gilet et pantalon de drap bleu.

Boutons de métal jaune, timbré d'une ancre, avec la légende, *Ouvriers militaires de la marine.*

Shako bordé d'un galon de laine rouge.

Bonnet de police en drap bleu.

Paletot et pantalon de travail en tricot bleu.

Sarrau et grande culotte de toile.

Les officiers des compagnies d'ouvriers porteront l'habit long et la culotte uniforme. Ils seront sous les armes en hausse-col et en bottes, le baudrier en écharpe et l'épée à la main.

Les sous-officiers porteront les galons en or et en laine jaune.

Les ouvriers de 1re classe auront deux épaulettes en laine rouge avec les franges de même couleur.

Les ouvriers de 2e classe, deux épaulettes en laine rouge, mais sans frange.

Les ouvriers de 3e classe, deux épaulettes en drap bleu lisérées de rouge.

L'armement des sous-officiers, caporaux et ouvriers militaires sera composé d'un fusil avec sa baïonnette, giberne et banderole en buffleterie blanche.

Le sabre ne sera porté que par les sous-officiers, caporaux, ouvriers de 1re classe et tambours.

Les matelots de la garde, plus connus sous le nom de Marins de la garde (dans l'État militaire de la marine, en 1809, ils sont dénommés : *Équipage des matelots de la maison militaire de S. M.*), furent utilisés par l'Empereur en 1805, 1807 et 1808.

En 1805, les marins de la garde sont chargés de convoyer les bateaux de la flottille organisée sur le Danube particulièrement destinés aux approvisionnements de la garde. Pendant l'armistice et en vue d'une reprise des hostilités, l'Empereur organise une flottille comprenant cinq bateaux armés en guerre. La conclusion de la paix arrête cette organisation avant qu'elle ait pu rendre des services.

Dans la campagne suivante, ils prirent une part active au siège de Danzig et furent spécialement employés à transporter sur la Vistule les approvisionnements de tous genres.

En 1808, en Espagne, destinés à prendre possession de la flotte espagnole à Cadix, ils suivent le corps du général Dupont qui devait occuper l'Andalousie, ils subissent le désastre de Baylen et sont envoyés dans l'île de Cabrera.

C'est à la suite de cet événement que l'Empereur réduit le bataillon des matelots de la garde à un seul équipage à l'effectif de 148 hommes, officiers compris.

L'origine des marins de la garde, des bataillons de la flottille et des compagnies d'ouvriers militaires de la marine étant fixée, leur passé étant connu, il convient de revenir aux instructions données par l'Empereur en vue de la campagne de 1809, instructions qui ont été reproduites en tête de cet article.

A la suite d'un rapport du ministre de la marine, l'Empereur rend le décret suivant :

Au Palais impérial des Tuileries, le 17 mars 1809.

DÉCRET.

TITRE Ier.

Art. 1er. — Le 44e bataillon de notre flottille impériale [1] sera complété à 1,227 hommes, officiers, sous-officiers, marins et apprentis-marins compris.

Art. 2. — Les hommes composant ce bataillon seront instruits dans les manœuvres d'infanterie; ils seront armés et auront un sac garni comme nos soldats d'infanterie.

---

1. Le décret du 2 mars 1808, qui prescrivait la création de 50 bataillons de la marine impériale destinés à constituer les équipages de 50 vaisseaux de 74 canons, était suivi d'un décret daté également du 2 mars qui décidait la formation immédiate de 31 de ces bataillons. Quelques mois plus tard, ce chiffre était porté à 40.

C'est alors que les 5 bataillons de la flottille vinrent s'ajouter à ces 40 bataillons de marine et furent numérotés à leur suite. Le 1er bataillon de la flottille fut ainsi dénommé 41e bataillon de la flottille, et, le 5e bataillon, 45e bataillon de la flottille.

Art. 3. — Chaque compagnie, au lieu d'un sabre, portera un outil en bandoulière, savoir :
La 1re escouade de chaque compagnie portera une hache.
La 2e escouade, un pic à hoyau.
La 3e escouade, une pioche.
La 4e escouade, une pelle.
Art. 4. — Chaque homme aura deux paires de souliers dans le sac et une aux pieds, une capote et une giberne, et notre ministre de la marine pourvoira à ce que le bataillon soit dans le meilleur état. Chaque homme sera porteur d'un livret semblable à celui de nos troupes de terre, constatant la situation de sa masse de linge et chaussure.
Art. 5. — Ce bataillon partira le 1er avril pour se rendre à Strasbourg.

TITRE II.

Art. 6. — Il sera formé, sur les compagnies d'ouvriers militaires de la marine servant dans notre arsenal d'Anvers, un bataillon d'ouvriers militaires de la marine.
Art. 7. — Ce bataillon sera commandé par un chef de bataillon et un adjudant-major, et composé de 6 compagnies de 140 hommes chacune, savoir :
D'un capitaine,
D'un lieutenant,   } sortant de l'artillerie de la marine.
D'un sous-lieutenant,
D'un sergent-major.
De quatre sergents.
D'un caporal-fourrier.
De huit caporaux.
De deux tambours.
Et de 120 ouvriers.
Art. 8. — Il sera pourvu par notre ministre directeur de l'administration de la guerre à ce que chaque homme dudit bataillon reçoive une capote avant le départ du bataillon.
Art. 9. — Il sera affecté à la suite de chacune des six compagnies composant ledit bataillon, un sous-ingénieur du génie maritime comme directeur des constructions et radoubs.
Art. 10. — Ce bataillon ainsi organisé, chaque homme muni d'une capote, de trois paires de souliers et de son livret de masse de linge et chaussure, partira d'Anvers pour Strasbourg le 1er avril, et formera avec le 44e bataillon de la flottille, un corps de 2,000 hommes qui fournira les détachements nécessaires pour le service de la marine, à l'armée de terre.

TITRE III.

Art. 11. — Tous ces hommes continueront à être entretenus et soldés par notre ministre de la marine qui pourvoira à ce que les deux bataillons soient maintenus au complet.

Art. 12. — Il y aura un caisson par compagnie du bataillon d'ouvriers portant tous les outils nécessaires pour mettre ces 800 ouvriers en grande activité indépendamment des outils qu'ils portent.

Art. 13. — Nos ministres de la marine, de la guerre et de l'administration de la guerre sont chargés de l'exécution du présent décret.

Napoléon.

En exécution de ce décret, le bataillon d'ouvriers militaires de la marine organisé à Anvers et le 44e bataillon de la flottille se mettaient en route pour Strasbourg où ils arrivaient les 21 et 26 avril.

L'Empereur décidait que ces troupes seraient attachées au génie et mises sous les ordres du général Bertrand.

Le 44e bataillon de la flottille, ainsi que le bataillon d'ouvriers militaires de la marine, séjournèrent à Strasbourg le temps nécessaire à leur armement. C'est là que ces troupes reçurent les caissons indispensables au transport des outils de supplément.

De Strasbourg, les marins furent dirigés sur Vienne, en passant par Ulm et Passau.

L'Empereur, dans la lettre datée de Paris 8 avril et adressée au Major général, avait déjà montré tout le parti qu'il entendait tirer des marins :

« Mon Cousin, je reçois votre lettre du 6 avril, dans laquelle vous me rendez compte que 90 bateaux ont été frétés. Faites-moi connaître combien chacun de ces bateaux peut porter. Aussitôt qu'il y aura un officier de marine d'arrivé, il faudra l'envoyer parcourir le cours du Danube, d'Ulm à Passau, pour bien connaître cette navigation. Mon intention est d'acheter beaucoup de bateaux de Ratisbonne à Passau. Ceux-là, je les achèterai à mon compte et je les ferai monter par les marins français. Il est important d'être maître de manœuvrer sur les deux rives, afin de pouvoir faire, par la réunion de ces bateaux, un ou deux ponts dans un moment. »

Arrivé à Augsburg, le 44e bataillon avait envoyé un officier en reconnaissance sur le fleuve, aussi bien pour en reconnaître le cours que pour apprécier les ressources en bateaux que pouvaient fournir les localités riveraines. Le double but à atteindre était la création de trains de bateaux pour le transport des approvisionnements et des munitions, en même temps que la réunion d'un matériel suffisant pour improviser rapidement les moyens d'agir sur la rive opposée du Danube.

Tandis que les événements de la campagne se déroulent, l'Empereur semble vouloir attribuer aux marins un rôle plus actif. Le 1er mai, il écrit de Braunau au Major général :

« A la position de Passau est aussi attachée la navigation du Danube. Le bataillon de marins qui est à hauteur d'Augsburg se dirigera sur Passau ; vous ordonnerez au général du génie, sous les ordres de qui il sera, de faire faire, en s'entendant avec les ingénieurs de la marine et le capitaine Baste, six barques bastinguées et armées pour être maîtres du Danube. On achètera pour mon compte des barques pour le double objet de transporter des troupes et de construire des ponts sur le Danube et sur l'Inn. On aura soin d'enrôler des pilotes, que l'on conservera en les payant bien. »

Le 44e bataillon de la flottille et le bataillon des ouvriers militaires de la marine quittent Passau du 15 au 20 mai (2 compagnies du bataillon d'ouvriers sont conservées à Passau par le général Chambarlhiac) ; ils se dirigent sur Vienne par Bayerbach, Efferding et Linz et arrivent dans cette capitale, le 44e bataillon, avec un effectif de 1,178 hommes, le 24 mai ; le bataillon d'ouvriers, à l'effectif de 533 hommes, le 26 mai.

La sanglante bataille d'Essling vient d'avoir lieu. L'Empereur va mettre en œuvre toute la puissance d'action dont il dispose pour réaliser ce projet grandiose de franchir le Danube en face d'une armée de 200,000 Autrichiens.

Le bataillon de la flottille et les ouvriers militaires de la marine semblent arriver à Vienne à l'époque précise où il faudra faire appel à toute leur capacité et à tout leur dévouement pour concourir à cette œuvre gigantesque.

Le rôle de ces corps, pendant les quarante jours qui vont précéder la journée de Wagram, va être aussi considérable que leur collaboration sera précieuse et modeste.

La crue et les brûlots avaient, dans la journée du 22, fait perdre de nombreux pontons au pont du Danube. A ce sujet, l'Empereur écrit la lettre suivante :

Ebersdorf, 29 mai 1809.

« Monsieur le général Bertrand, les pontons que j'avais ont été abîmés par le Danube. Il faut employer une partie des ouvriers de la marine, à Vienne et à Klosterneuburg, à construire soixante pontons, à peu près comme ceux que nous avions. Nous devons avoir une quarantaine de haquets, il restera donc à s'en procurer vingt. Ces pontons serviront indépendamment des ponts du Danube. Il sera impossible de passer le dernier bras, à moins de quatre ponts débouchant devant l'ennemi. L'un sera formé par les bateaux que le capitaine Baste a ramassés et qui iront par eau ; le second, par ces petits bateaux qui sont au bord du Danube et qu'il faut calfater ; le troisième, par seize pontons qu'il faut que les ouvriers aient fait dans trois ou quatre jours ; le quatrième pourrait être fait en radeaux ou en bateaux venant du côté de l'eau. Le directeur des ponts de Vienne assure qu'il y a plus de cent cinquante bâtiments sous l'eau ; il faut employer une partie des marins à les retirer et à les mettre en état. Je désirerais avoir quelques bateaux armés d'obusiers ou de pièces de 3, et un projet de batterie, qui serait remorquée par ces bateaux, de quatre pièces de 12, avec un épaulement qui mît à l'abri du feu de l'ennemi. »

Tel est le rôle tracé aux compagnies d'ouvriers militaires de la marine. Tout est à créer, pour la réalisation des desseins de l'Empereur, dans l'île Lobau : construire et réparer des bateaux, les remettre à flot, construire des radeaux et des bacs, construire et armer des bateaux canonniers et des péniches, etc.

On faisait aussi appel à la collaboration des troupes de la marine pour l'établissement des moyens de passage sur les différents bras du fleuve.

En même temps les marins de la flottille sont appelés, sur le Danube, à un rôle plus actif. Ainsi, dès le 26 mai, c'est-à-dire deux jours après son arrivée, le 44ᵉ bataillon de la flottille mettait, comme l'indique la lettre suivante, un détachement à la disposition du général Friant pour participer à une reconnaissance.

Le Major général au général Bertrand.

Ebersdorf, le 26 mai 1809 (11 h. du soir).

« L'intention de l'Empereur, Monsieur le général Bertrand, est que vous donniez l'ordre au colonel Baste de mettre sur-le-champ 100 marins commandés par un officier à la disposition du général Friant qui est à Vienne, pour y fouiller les îles. Donnez l'ordre au commandant d'être à six heures du matin, au plus tard, avec ses 100 hommes chez le général Friant pour lui annoncer la destination de ces 100 marins. »

Ces sortes d'opérations se renouvelleront fréquemment, les marins de la flottille jouant sur le fleuve le rôle d'éclaireurs et protégeant en même temps par des croisières actives les ponts en construction. C'est ce qu'explique parfaitement cet extrait du quatorzième bulletin de l'armée d'Allemagne :

Ebersdorf, 1ᵉʳ juin 1809.

« Le 44ᵉ bataillon de la flottille de Boulogne, commandé par le capitaine de vaisseau Baste, est arrivé. Un grand nombre de bateaux en croisière battent les îles, couvrent le pont et rendent beaucoup de services. Le bataillon des ouvriers de la marine travaille à la construction des péniches armées, qui serviront à maîtriser parfaitement le fleuve. »

Les troupes de la marine avaient été réparties, dès le commencement de juin, entre Vienne, Ebersdorf et l'île Lobau. Une situation en date du 20 juin nous fait connaître cette répartition ainsi que l'effectif de chaque compagnie.

Troupes de la marine. — Situation du 20 juin 1809.

			OFFICIERS.	TROUPE.	
44ᵉ bataillon de la flottille.	État-major.		6	3	
	1ʳᵉ compagnie	Vienne	2	120	1 officier détaché.
	2ᵉ —	Ebersdorf.	3	119	111 marins avaient été retenus à Ulm pour organiser la navigation du Danube.
	3ᵉ —	Vienne	3	122	1 caisson attaché au bataillon.
	4ᵉ —	Ile Kervoiseck.	3	112	
	5ᵉ —	Pavillon bleu (camp).	3	124	
	6ᵉ —	Pavillon blanc (camp).	3	123	
	7ᵉ —	Ebersdorf.	3	113	
	8ᵉ —	—	3	122	
	9ᵉ —	Pavillon bleu	3	113	
		Totaux	32	1,071	
Bataillon d'ouvriers militaires de la marine.	État-major.		4	»	
	1ʳᵉ compagnie	Vienne	4	128	1 caisson attaché à chaque compagnie.
	2ᵉ —	Vienne	4	125	
	3ᵉ —	Ile de Tabor.	4	121	
	4ᵉ —	Ebersdorf	2	126	
	5ᵉ —	Passau.	4	131	
	6ᵉ —	Passau.	4	131	
			26	760	

Dès le commencement de juin, les marins de la flottille non employés à un service actif sur le Danube, ainsi que ceux des ouvriers de la marine qui ne sont pas retenus dans les chantiers de construction de bateaux établis à Vienne et à Ebersdorf, secondent l'artillerie et le génie dans la préparation des matériaux et la construction des ponts et estacades de l'île Lobau.

La curieuse correspondance qui suit fait connaître le rôle des marins pendant cette période de la campagne.

Le capitaine de vaisseau Baste écrit au général Bertrand :

Au camp du Pavillon blanc, le 3 juin 1809,
à 5 heures du soir.

« Monseigneur,

« J'ai l'honneur de vous rendre compte qu'en partant ce matin de notre camp pour aller en découverte sur les îles j'ai d'abord établi la communication avec un va-et-vient sur l'île où sont les 100 hommes et où l'on a fait un retranchement pour placer deux pièces de canon, conformément aux ordres que S. M. a donnés hier soir. Malgré la communication que j'ai établie sur l'île retranchée, j'y ai laissé quelques bateaux à rames pour la faciliter.

« Après avoir quitté cette île, j'ai continué ma route avec sept bateaux moyens et j'ai débarqué dans trois îles, dont une grande où nous avons trouvé un poste autrichien. Des hommes de ce poste, dont trois s'étaient embarqués dans un petit bateau, j'en ai fait prendre deux et arrêter la barque, dans laquelle il s'est trouvé un cerf mort. Le troisième Autrichien s'est échappé, malgré notre diligence à le poursuivre.

« Arrivés de l'autre côté de cette grande île, j'ai rencontré un poste de douze hommes qui s'est embarqué dans un bac qui l'attendait sur le rivage ; notre fusillade a été très vive sur ce bac, cependant ils ont traversé sur une autre île et j'ai fait passer trois hommes à la nage qui m'ont ramené le bac qui m'a servi pour venir rejoindre mes autres bateaux.

« Les résultats de cette petite expédition sont : deux soldats autrichiens prisonniers et un paysan avec deux bateaux. Les ennemis avaient deux pièces de canon de six de ce côté, avec lesquelles ils nous ont tiré environ trente coups à boulets, sans toucher ni bateau ni homme.

« J'ai été extrêmement content de tout le monde, mais surtout des officiers et particulièrement de MM. Parmentier, Armand et Sauvaget.

« D'un autre côté, on n'a pas été tout à fait aussi heureux. En descendant des barques chargées, des environs de Vienne, ainsi que des pilots en radeaux, on nous a tué un matelot de la 3ᵉ compagnie et le même boulet en a blessé deux autres. »

Le Capitaine de vaisseau colonel,

BASTE.

Ces sortes de reconnaissances étaient fréquemment répétées, comme on en voit la trace dans la correspondance de l'État-major général. Elles avaient pour objet d'enlever à l'ennemi ses moyens de transport sur le Danube, de signaler les mouvements qu'il pouvait faire à l'abri des îles, afin de protéger le vaste atelier de l'île Lobau contre ses reconnaissances.

Une autre tâche s'imposait aux marins, protéger les ponts contre toute tentative de destruction.

Le capitaine Baste écrit au Major général :

Vienne, le 5 juin 1809.

« Monseigneur,

« Depuis que nous sommes en croisière ou en station près des îles dans les divers bras du Danube aux environs d'Ebersdorf, pour arrêter ou détourner tout ce qui pourrait détruire le pont, nous avons beaucoup consommé de cartouches d'infanterie, malgré que, sur ma recommandation, on les économise tant que l'on peut. J'ai fait la demande à l'arsenal de Vienne pour nous les faire remplacer.

. . . .

« J'ai l'honneur de vous rendre compte que vingt bateaux moyens sont en station sur les différents bras du Danube qui avoisinent le pont d'Ebersdorf, pour arrêter ou détourner les radeaux, les brûlots, les moulins, les barques, les carcasses et autres pièces de bois qui pourraient être lancés par l'ennemi pour incendier ou rompre le pont d'Ebersdorf. Chaque bateau est muni de ce qui lui est nécessaire et la plus grande surveillance est observée le jour comme la nuit.

« Demain au soir deux bateaux seront armés chacun de trois canons de 3 ; s'ils n'ont pas un obusier de six pouces chacun, c'est qu'on n'a pas pu m'en fournir à l'arsenal.

« L'on construit des pontons, et sous peu de jours, lorsque nous aurons les matériaux nécessaires, on mettra en construction les six barques bastinguées.

« Mon service commence à être établi et organisé, de manière que les travaux de marine vont grand train à Ebersdorf et à Vienne. »

BASTE.

Aux nombreuses reconnaissances exécutées par les officiers du génie sur les bras du fleuve, presque toujours le général Bertrand attache un officier de la marine.

Ainsi, le commandant Baraillon du génie, chargé par le général Bertrand, conformément aux ordres de l'Empereur, de reconnaître les îles du Danube depuis Ebersdorf jusqu'à Regelsbrunn, est accompagné d'un officier de la flottille commandant le détachement des marins et chargé de la reconnaissance des bateaux.

A la suite de cette reconnaissance, le général Bertrand écrit d'Ebersdorf au Major général, le 7 juin 1809 :

« Monseigneur,

« J'ai l'honneur d'adresser à Votre Altesse le rapport du chef de bataillon du génie Baraillon, qui a visité les îles de la rive droite du Danube depuis Ebersdorf jusqu'à Regelsbrunn, conformément aux ordres de Sa Majesté.

« Le détachement de 50 marins qui était avec cet officier vient de rentrer au camp ; l'officier de marine m'a dit n'avoir trouvé aucun bateau en état. Ils exigeaient tous des réparations plus ou moins considérables. »

BERTRAND.

Comme le capitaine de vaisseau Baste l'annonçait au Major général, les ouvriers de la marine travaillaient avec ardeur à la construction de la flottille armée du Danube ; c'est ce que confirme la lettre suivante du général Bertrand au Major général :

Ebersdorf, le 9 juin 1809.

« Monseigneur,

« Un bateau armé de trois pièces de canon de 3 est entré hier dans le port d'Ebersdorf ; le bateau a 18 rames à la française ; les trois pièces peuvent tirer dans tous les sens. Le colonel Baste espère qu'un autre bateau sera armé demain soir.

« Le général Lariboisière n'a pu fournir d'obusiers.

« Les marins ont brûlé avant-hier un gros bateau couvert, rempli de fascines et de paille, destiné probablement à incendier le pont. »

. . . .

L'Empereur avait prescrit le 1ᵉʳ mai la construction de six barques bastinguées (lettre citée) ; par l'ordre qui suit, il indique ses intentions quant à l'armement de ces bateaux.

Camp impérial de Schœnbrunn, le 10 juin 1809.

Ordre.

1° Il sera armé six bateaux. Chaque bateau sera armé de deux à trois pièces de canon et de douze jusqu'à trente avirons. Deux de ces bateaux, les plus légers, seront armés de pièces de 3 ; deux seront armés de pièces de 6, un d'un obusier et d'une pièce de 12.

2° Il sera construit une petite batterie flottante, ayant un parapet ou un bordage à l'abri de la mitraille et des petits canons. Elle sera armée de trois pièces de 18. Cette batterie aura ses ancres et tous ses agrès pour pouvoir s'embosser où il sera nécessaire.

3° Le général du génie fera armer ces bateaux. Le général d'artillerie donnera l'artillerie nécessaire.

Le capitaine commandant la marine donnera des noms à ces bateaux, et à chacun un commandant et un équipage fixe. Ces bateaux auront toujours des vivres pour six jours.

Napoléon.

Cet ordre ne put recevoir son exécution complète ; c'est ce qu'indique le rapport suivant du général Bertrand.

Rapport du général sur les constructions de la marine.

Ebersdorf, le 11 juin 1809.

Un bateau armé de trois pièces de 3 est avec la flottille au pavillon bleu ; l'ennemi ne peut le voir. Un second bateau armé de pièces de 6 y arrivera ce soir. Un troisième bateau pouvant porter un obusier de 8 pouces sera prêt dans trois jours.

Pour avoir les trois autres bateaux qu'il faut armer en guerre, d'après les ordres de l'Empereur, il faudra les prendre parmi ceux du pont de bateaux.

Les ingénieurs avaient fait un projet de batterie flottante sur une caisse, ne croyant pas trouver du bois assez léger pour former un radeau qui pût porter quatre pièces de 12 ; mais le colonel Baste pense que le Danube est trop rapide pour pouvoir remorquer contre le courant une telle batterie ; il croit qu'il faut se borner à placer quatre pièces de 12 sur un bateau ; il en a un de propre à cela, mais il ne pense pas qu'on puisse placer des pièces de 18 sur les bateaux qui existent ici.

Il faudra huit à dix jours au moins pour que ces quatre derniers bateaux soient en état ; six pontons doivent être terminés demain soir.   Le général BERTRAND.

La construction de ces bateaux canonniers subit, sans doute, un accroissement dans la suite, puisque vers la fin du mois de juin, l'Empereur pouvait faire concourir aux opérations sur le Danube une flottille de 10 bateaux dont l'état est ci-joint :

Noms des bateaux canonniers, armés en guerre à Vienne dans le mois de juin 1809, destinés à protéger la navigation du Danube, à faire des expéditions sur les îles et à seconder les opérations de l'armée d'Allemagne.

NOMS des bateaux.	NUMÉROS des bateaux.	NOMS des capitaines.	GRADES.	OBUSIERS DE 6 POUCES.	CANONS DE 8 POUCES.	CANONS DE 6 FRANÇAIS.	CANONS DE 6 AUTRICHIENS.	CANONS DE 4 POUCES.	CANONS DE 3 POUCES.	ÉQUIPAGES.	OBSERVATIONS.
										Hom.	
Le Marengo	1	DUPLOUY	Enseigne.	»	»	»	»	»	3	30	Indépendamment de ces 10 bateaux canonniers il y a 40 bateaux moyens armés en péniches en station dans différentes îles et le long de divers points de la rive droite pour arrêter tout ce que l'ennemi pourrait lancer contre les ponts d'Ebersdorf pour les rompre ou pour les incendier.
Le Lodi	2	LEFEBURE	Capitaine.	»	»	»	1	»	»	25	
Le Iéna	3	RIGOULT	Capitaine.	»	»	1	»	»	»	30	
Le Montebello	4	CHATELAIN	Capitaine.	»	4	»	»	»	»	50	
Le Saint-Hilaire	5	PARMENTIER	Capitaine.	1	»	»	3	»	»	40	
L'Eckmühl	6	GAUVIN	Capitaine.	»	»	»	»	»	»	30	
Le Montenotte	7	THUILLIER	Capitaine.	»	»	»	1	»	»	30	
Le Dego	8	DEBOISSES	Capitaine.	»	»	»	»	1	»	30	
Le Rivoli	9	DESTRAIX	Capitaine.	»	»	»	»	»	3	30	
L'Arcole	10	ARMAND	Cap. adj.-maj.	»	»	»	»	»	1	25	
				1	4	2	5	1	7	320	20 bouches à feu en tout.

Le Capitaine de vaisseau colonel,
BASTE.

L'action des marins s'était étendue au delà de Vienne et de l'île Lobau. Un détachement de ces troupes avait été envoyé à Raab pour collaborer, sous les ordres du commandant du génie Prévost-Vernois, à la construction d'un pont sur la Raab pendant le siège de la place. Le maréchal Davout, qui opérait devant Presburg, avait reçu des marins pour coopérer à l'enlèvement des îles qui avoisinent cette place. Ces marins prirent part devant Presburg à l'occupation de l'île d'Ober-Ufer qui formait tête de pont et à l'occupation de l'île de Theben.

Dans un rapport sur les ponts militaires de l'île Lobau, du 16 septembre 1811, le commandant Chapuis, commandant le 2e de pontonniers et directeur d'une partie des travaux qui ont été exécutés dans l'île, fait ainsi la part des marins dans cette gigantesque entreprise : « Les deux ponts de pilotis et les estacades ont été faits par l'arme du génie et un bataillon de marins sous les ordres immédiats de M. le général de division comte Bertrand. »

Il y a lieu d'ajouter que beaucoup d'éléments des autres ponts furent trouvés ou confectionnés par les marins, tels les bateaux du pays et les radeaux. (Les ponts du capitaine Zabern, du capitaine Galland, du capitaine Larue et le pont de l'île des Moulins.)

Quant au pont d'une seule pièce, qui fut construit dans le canal de l'île Alexandre et jeté en cinq minutes sur un bras du fleuve de 83 toises de largeur, les ouvriers de la marine collaborèrent à sa construction.

Le général baron Paulin, ancien aide de camp du général Bertrand, pendant les travaux de l'île Lobau, dit dans ses *Souvenirs* : « Le général Bertrand, avec les ingénieurs-constructeurs de la marine et leurs ouvriers, fit construire dans une crique voisine, et sans que l'ennemi s'en doutât, le pont dit « d'une pièce [1] ».

C'est sous la direction du commandant Dessales et avec la collaboration de l'ingénieur de la marine Moreau, attaché à la 5e com-

---

1. Le général Paulin dit qu'il existe un modèle de ce pont à l'arsenal de Woolwich. Le commandant Chapuis, qui était commandant du 2e de pontonniers à Turin en 1811, dit dans son rapport : « Pour perpétuer le souvenir de cette merveille des ponts militaires et y avoir recours au besoin, j'en ai fait construire le modèle en petit, sur une échelle de 6 lignes par pied. Ce modèle où toutes les proportion sont sévèrement observées, a 20 pieds 9 pouces de longueur et se trouve déposé l'arsenal de Turin. »
Un beau plan de ce pont existe aux Archives nationales.

pagnie des ouvriers militaires de la marine, que ce pont, unique en son genre, a été construit (vingt-cinquième bulletin de l'armée d'Allemagne).

Le 22 juin, à 10 heures du soir, le général Bertrand écrivait, de Vienne, la lettre qui suit au Major général :

« Monseigneur,

« J'ai l'honneur d'adresser à Votre Altesse un rapport du colonel Baste sur le mouvement que la flottille a fait dans la journée d'hier.

« Le bac ordonné par S. M. sera, je pense, calfaté demain soir, mis à l'eau le 24 et terminé le 25.

« Nous avons trouvé des courbes et on a réuni suffisamment d'ouvriers pour pouvoir en construire un second, je l'ai fait commencer hier, il pourra être fini le 26, peut-être le 25.

« Ces deux bacs pourront contenir chacun de 300 à 400 hommes. Dans un quart d'heure ces deux bacs auront jeté sur la rive opposée 1,500 hommes et 8 pièces de canon. »

BERTRAND.

Vienne, le 22 juin 1809.

Rapport fait à M. le général Bertrand, aide de camp de S. M. l'Empereur et Roi, commandant en chef du génie de l'armée d'Allemagne, par le capitaine de vaisseau Baste, colonel, commandant les marins de la Garde Impériale, ainsi que les matelots et ouvriers militaires de marine de l'armée précitée.

« Mon Général,

« L'Empereur nous a manifesté, le 19, l'intention et le désir de faire construire un pont de 80 toises[1] sur dix pontons de 25 pieds de long, et avant-hier l'envie d'inquiéter les ennemis sur la rive gauche et de faire des incursions sur les îles qu'ils occupent. Déjà les dix pontons sont construits, et une partie calfatée et brayée ; le bac est bien avancé et on travaille à la construction du pont.

« Hier à 5 heures du matin, avec deux cent cinquante marins,

---

1. C'est du pont d'une seule pièce dont il est question.

deux bateaux canonniers et douze bateaux moyens, je partis du camp du Pavillon bleu ; je me portai sur la droite de l'ennemi en remontant le Danube à la rame et à la cordelle ; je chassai les ennemis de trois îles que je n'avais vues encore que de loin. Je vous préviens que l'ennemi n'avait sur ces îles que des postes d'observation. Nous leur avons tué une quinzaine d'hommes dont trois sont tombés morts sous mes yeux. Nous avons à regretter un bon matelot, qui a été tué d'un coup de fusil dans la hanche droite, en courant après des Autrichiens que je voulais faire prendre vivants, attendu que l'Empereur m'avait paru souhaiter avoir des prisonniers.

« Pour arriver à la troisième île où nous débarquâmes après avoir pris les deux premières, il fallait passer dans quatre bras différents, défendus par des batteries, depuis quatre jusqu'à huit pièces de canon de 7 et de 12. Nous n'en remontâmes pas moins le courant sous le feu très vif de leurs batteries, qui étaient augmentées par quelques pièces d'artillerie légère qui suivaient le rivage. Ils nous tirèrent environ, pendant nos trajets pour nous rendre à ces îles, 150 coups de canon à boulets, et à notre retour, au moins 60 coups aussi à boulets ; mais nous n'en avons pas moins rempli le but de l'Empereur, qui est de les inquiéter et de les tourmenter dans leurs camps et dans les îles qu'ils occupent.

« Pendant toute la canonnade des ennemis, à laquelle nous avons riposté d'environ 60 coups de canon à boulets, le bateau canonnier *le Marengo* a reçu un boulet à tribord qui est resté dans le bois ; un autre boulet a cassé son gouvernail, un troisième a coupé deux rames dans les mains des matelots et personne n'a été blessé à son bord. J'ai été extrêmement content de la bravoure, du sang-froid et de la présence d'esprit du capitaine Duplouy, enseigne qui le commande. S'il était possible qu'il fût fait lieutenant de vaisseau, j'en serais enchanté. Le bateau canonnier *l'Austerlitz* a eu aussi deux rames de coupées à son bord et un homme de blessé par un boulet ; le capitaine de ce bateau s'est aussi très bien conduit, ainsi que tous les officiers de marine qui étaient sur les 12 bateaux de transport, dont un a aussi reçu un boulet de 12 qui n'a blessé personne.

« Je suis arrivé au camp du Pavillon bleu, de retour de cette expédition hier au soir à 5 heures. Comme celle sous le vent, c'est-à-dire à la gauche de l'ennemi, demanderait deux ou trois jours, je ne pourrai pas la faire encore, parce que j'ai beaucoup d'occupation à Vienne, à Ebersdorf et au camp du Pavillon bleu, pour les armements, installations et réparations de toute la flottille. »

Baste.

En réponse à la lettre du général Bertrand, l'Empereur lui écrivait de Schönbrunn le 23 juin, à 10 heures du matin.

« Monsieur le général Bertrand, il paraît par votre rapport que le pont et le bac sont faits. Je me rendrai ce soir à quatre heures dans l'île. Vous avez bien fait d'en commencer un second ; faites-en commencer un troisième. Faites porter aussi dans le bras sept ou huit nacelles ; cela peut se porter sur des voitures. Ces nacelles sont importantes. Nous y placerons des marins d'observation, pour contenir ce que l'on pourrait envoyer contre les ponts[1].

« Raab a demandé à capituler ; ainsi tout marche vers la grande opération.

« J'ai vu avec plaisir l'opération du capitaine Baste ; je donnerai des récompenses aux officiers qui se sont distingués ; sont-ils de la légion ?

« Mais ayez soin que toutes les opérations se fassent en haut pour inquiéter l'ennemi et s'accoutumer, et non pas du côté où nous devons faire la descente.

« Quand aura-t-on les deux autres barques armées et surtout la grande ? »

Napoléon.

---

1. Les estacades ne protégèrent pas les ponts, c'est pourquoi les marins durent croiser en amont pour assurer leur conservation. Le commandant Chapuis, dont il est parlé plus haut, dit à ce sujet dans son rapport :

« Cette estacade était destinée à arrêter les messagers flottants que l'ennemi envoyait pour briser le pont. Mais le courant du fleuve, trop rapide et trop profond dans cette partie, ne tarda pas à faire connaître que l'estacade manquait de solidité pour cet objet (la protection des ponts). On se contenta donc d'en faire un petit pont, sur lequel l'infanterie pouvait passer à deux de hauteur, en prenant des précautions pour ne pas tomber dans le fleuve. Cette estacade n'ayant pas rempli le but qu'on se proposait, on en construisit une seconde dont les avantages ne furent pas plus marqués que ceux de la première. »

L'Empereur, attachant une importance de plus en plus grande à la collaboration des marins pour toutes les opérations sur le Danube, avait ordonné l'augmentation des effectifs du 44ᵉ bataillon de la flottille et du bataillon des ouvriers militaires de la marine. Des ordres avaient été également transmis pour faire venir à l'armée d'Allemagne l'équipage des marins de la Garde. C'est ce qui ressort de la lettre suivante :

Paris, le 26 juin 1809.

Le ministre de la marine au ministre de la guerre.

« Mon cher Collègue,

« L'Empereur vient de m'ordonner de vous faire savoir que son intention est que l'équipage des marins de la Garde parte sur-le-champ en poste pour se rendre près de lui. Il me mande de m'entendre avec vous pour que ce mouvement s'opère sur-le-champ. Comme je pense que c'est à vous à en donner l'ordre, je vous prie de me faire savoir si je puis vous seconder en quelque chose et je serai très empressé de le faire. Je crois que l'équipage n'est pas tout à fait au complet, mais l'intention de l'Empereur est que s'il pouvait excéder ce complet, on fasse partir tout ce dont on pourra disposer, et qui sera propre à la guerre.

« J'expédie de mon côté en poste 100 ouvriers de Boulogne et 100 marins de Rochefort. »

DECRÈS.

L'équipage des marins de la Garde n'arriva à Vienne que le 17 juillet, alors que la campagne était terminée sur le Danube entre Vienne et Presburg. Cet équipage comptait 4 officiers et 110 marins, il n'eut qu'un rôle secondaire à jouer sur le bas Danube, entre Presburg et Raab.

L'événement principal de la campagne approchait.
L'Empereur, dès la fin du mois de juin, donne les instructions nécessaires et les derniers ordres pour assurer le rapide passage de son armée sur la rive gauche du Danube, dans les plaines du

Marchfeld. Les marins vont apporter à cette opération leur collaboration la plus importante.

Le 28 juin, l'Empereur donne l'ordre suivant daté de Schœnbrunn :

Ordre de l'Empereur.

Sa Majesté ordonne :

1° Le capitaine Larue fera ponter les bateaux de manière à pouvoir jeter le pont de l'embouchure[1] dans le Danube en deux heures de temps.

2° Il sera choisi cinq bacs ou bateaux pouvant porter chacun 300 hommes, lesquels seront remontés dans le bras et pourront débarquer 1,500 hommes à la fois sur la rive droite. Il sera jeté sur-le-champ une cinquenelle, et ces cinq bacs feront traille. Comme le bras du Danube n'a dans cette partie que 60 toises, on pourra passer autant de monde qu'on voudra. Chacun de ces bacs sera arrangé pour porter une pièce de canon.

3° Le commandant des marins avec ses bateaux armés de canon prendra position au moment de l'affaire, dans le Danube, vis-à-vis le Hansel-Grund et fera débarquer 2,000 hommes sur des bateaux à lui. Ces bateaux sont autres que ceux formant le pont. Ces derniers étant pontés ne doivent servir que pour les ponts.

4° Aussitôt qu'on sera maître des batteries du Hansel-Grund et que le débarquement aura eu lieu, le commandant des marins s'emparera de l'île de Rohr-Tsirth, tâchera d'introduire un de ses bateaux dans le canal du Hansel-Grund du Danube et placera ses bateaux armés vis-à-vis le Zahnet, en faisant le tour de l'île de Rohr-Tsirth, pour battre cette droite de la rivière.

5° Le général Oudinot sera chargé de toute cette opération. Les commandants de l'artillerie et du génie du 2ᵉ corps prendront à cet effet les mesures convenables.

6° Il y aura sur des baquets, des pontons tout prêts pour jeter des ponts vis-à-vis Mühlleuten.

---

1. L'Empereur donne le nom de pont de l'embouchure à celui qui devait être jeté à la pointe sud-est de l'île Lobau, sur le bras du Danube qui contourne cette île.

7° Il y aura vis-à-vis le petit bras appelé Steinbügel, qui sépare le Danube de la Maison-Blanche, un bateau avec trois chevalets, les madriers et agrès nécessaires pour y jeter là un pont. Ce pont sera démasqué et mis à l'eau, lorsque les troupes seront à cette hauteur.

8° Le général Oudinot et les généraux commandant l'artillerie et le génie sont chargés de faire toutes les dispositions et de prendre les mesures de détail, pour l'exécution de ce projet.

NAPOLÉON.

L'Empereur s'était transporté dans l'île Lobau et donnait un premier ordre pour le passage du Danube :

Ile Napoléon, 2 juillet 1809, 11 heures du soir.

1. — Le 4, à l'heure que nous désignerons, le général Oudinot fera embarquer un général de brigade et quatre ou cinq bataillons de voltigeurs formant 1,500 hommes, au lieu qui sera indiqué par le capitaine de vaisseau Baste, pour s'emparer du Hansel-Grund.

Le capitaine de vaisseau Baste, avec huit bateaux armés, marchera devant et protégera leur débarquement par une vive canonnade, en enfilant les batteries ennemies qui, en même temps, seront canonnées par nos batteries.

2. — Le général Bertrand donnera des ordres pour que le 3, à six heures du soir, il y ait quatre bacs près du lieu où l'on doit jeter le pont de l'embouchure, avec des marins et les agrès nécessaires à la navigation avec un treuil et une cinquenelle. Aussitôt que le débarquement qui doit avoir lieu sera exécuté, conformément à l'article 1er, le général Oudinot fera placer 800 hommes dans ces quatre bacs et les dirigera pour débarquer au pied de la batterie ennemie. Au même moment, une cinquenelle sera jetée ; ces quatre bacs s'y attacheront et serviront à transporter des troupes à chaque voyage qu'ils feront, en se servant de cette cinquenelle.

3. — . . . .

4. — Le capitaine de vaisseau Baste s'emparera de l'île de Rohr-Haufen, et enverra des barques pour flanquer la droite. Deux pièces

de 6 seront débarquées à terre pour faire une batterie qui battra le Zahnet et flanquera toute la droite. Il fera soutenir cette batterie par 200 marins armés de fusils.

(Suivent les instructions pour les corps du duc de Rivoli, du duc d'Auerstädt, du prince de Ponte-Corvo, de la garde, etc.)

Titre V. — Des batiments de guerre.

25. — Il y aura deux bâtiments de guerre, armés de pièces de canon, en station entre Stadlau et la rive gauche, tant pour inquiéter l'ennemi que pour prévenir de ce qui viendrait à leur connaissance et des entreprises que l'ennemi voudrait faire contre les ponts ou tout autre point de la rive droite, et pour arrêter les brûlots qu'il voudrait envoyer. Deux autres bâtiments armés seront placés entre Aspern et notre pont, pour inquiéter ce que l'ennemi a dans les îles et observer ses mouvements.

Le reste des barques armées se tiendra sur notre droite pour protéger la descente et toute notre droite.

Le 3 juillet, le capitaine de vaisseau Baste recevait l'ordre suivant expédié à 2 heures de l'après-midi :

Dans l'île Napoléon, 3 juillet 1809.

Ordre.

Le général commandant le génie, le général commandant l'artillerie et le commandant des marins sont prévenus que le passage aura lieu dans la nuit du 4 au 5, depuis minuit jusqu'à 3 heures du matin, selon l'ordre précis qui sera donné.

Napoléon.

Cet ordre fut modifié et complété par l'ordre définitif qui suit :

Ile Napoléon, le 4 juillet 1809.

Ordre.

PASSAGE DU GÉNÉRAL OUDINOT.

Ce soir, à huit heures, les quatre bacs et les bateaux pontés destinés à former le pont de bateaux partiront de manière à arriver à leur emplacement à neuf heures, nuit faite.

A huit heures, le général de brigade Conroux et 1,500 hommes s'embarqueront au pont.

A neuf heures, les bateaux portant ces troupes appareilleront avec les barques armées et iront débarquer dans l'endroit convenu. Ainsi, ce débarquement aura lieu à neuf heures et demie.

Notre batterie de six pièces de canon commencera son feu aussitôt qu'elle apercevra arriver les bateaux, et on aura soin que les pièces placées pour prendre d'écharpe la batterie ennemie finissent leur feu aussitôt que nos bateaux commenceront le leur.

Le général de division Tharreau se trouvera à la batterie et fera embarquer sur les bacs le reste de la brigade Conroux. A cet effet, les bacs entreront vides dans la rivière ; on jettera une cinquenelle et on se servira de tous les bateaux pour passer toute la division Tharreau.

Le pont de bateaux commencera aussitôt la batterie prise, et le capitaine de pontonniers fera faire son pont. Une compagnie de sapeurs passera avec des officiers du génie pour couper des arbres, faire une tête de pont et tracer le chemin sur la Maison-Blanche.

INSTRUCTIONS POUR LE GÉNÉRAL THARREAU.

La première chose à faire est de s'emparer de toute l'île de Hansel-Grund jusqu'au canal, de jeter les trois ponts sur le petit canal. Alors une division marchera sur le village de Mühlleuten, une autre sur la Maison-Blanche. Le colonel Baste prendra possession de l'île de Rohr-Haufen, comme cela a été dit, et flanquera non seulement le Zahnet, mais encore la plage jusqu'au village de Schönau, et fera connaître tout ce qu'il y aura là de nouveau.

Une barque armée remontera aujourd'hui le Danube le plus

tôt possible, ira se poster pour menacer du côté d'Aspern et veiller à ce que l'ennemi ne puisse faire aucun mouvement sur les îles Masséna ; une autre se portera du côté de Stadlau pour le même objet.

PASSAGE DE L'ILE ALEXANDRE.

Aussitôt qu'on saura que le passage du général Oudinot a réussi, on commencera le passage à l'île Alexandre et on tâchera de faire la jonction des deux colonnes le long de la rivière. A cet effet, les bacs passeront d'abord cinq pièces de canon et 1,500 à 1,600 hommes, ou plutôt autant d'hommes que les cinq bacs en pourront porter, de la division Boudet.

Le pont d'une pièce servira sur-le-champ à passer le reste de la division Boudet et les divisions Molitor et Saint-Cyr. Les bacs passeront l'artillerie jusqu'à ce que les deux autres ponts soient jetés.

Au même moment, on donnera l'ordre aux batteries de l'île Lannes, de l'île Espagne, aux grandes batteries intermédiaires et à celles de l'île du Moulin de commencer leur feu, lequel sera continué toute la nuit avec la plus grande activité.

Un officier du génie, avec la plus grande partie des sapeurs, tracera sur-le-champ, avec beaucoup de sacs à terre et gabions, une tête de pont, formée de quatre à cinq redoutes, faisant un système de 1,500 à 1,600 toises. Aussitôt que ces redoutes seront en premier état de défense, on placera les pièces de position et les mortiers dans ces redoutes. Le bateau armé qui sera du côté d'Aspern cherchera des positions où l'ennemi n'ait pas de batteries, pour tirer et faire diversion. Un officier du génie sera spécialement chargé de reconnaître le petit canal où débarquera le général Oudinot ; il verra s'il est guéable. On pourrait construire sur le chemin allant à Zahnet un petit ouvrage pour assurer la droite. Les bateaux armés doivent donner de l'inquiétude sur toute la rive gauche et faire un grand fracas de leur artillerie ; mais ils doivent spécialement flanquer la droite du général Oudinot.

Le Major général, Prince DE NEUCHATEL [1].

---

1. Cet ordre est la reproduction de l'ordre direct donné par l'Empereur

— 31 —

Le rapport adressé par le capitaine de vaisseau Baste au général Bertrand, à la suite des événements du commencement du mois de juillet, nous fait connaître dans ses détails l'opération du passage du Danube dans la nuit du 4 au 5 et le rôle actif et périlleux que remplirent les marins placés sous ses ordres.

Vienne, le 14 juillet 1809.

Rapport fait à M. le général Bertrand, aide de camp de S. M. l'Empereur et Roi, commandant en chef du génie de l'armée d'Allemagne, par le capitaine de vaisseau Baste, colonel commandant les marins de la garde impériale, ainsi que les matelots et ouvriers militaires de marine de l'armée.

« Mon Général,

« Comme je vous en avais rendu compte, tout était disposé dans les différents points de station, sur les divers bras du Danube, pour arrêter les brûlots, les radeaux, les barques, les carcasses, et autres pièces de bois qu'aurait pu lancer l'ennemi pour rompre ou incendier les ponts d'Ebersdorf. Vingt bateaux moyens, armés en péniches, étaient destinés, depuis plusieurs jours à ce service et munis à cet effet de tout ce qui leur était nécessaire, pour que rien ne descendît les bras du fleuve et ne tombât sur les ponts.

« D'un autre côté, malgré les occupations que m'avaient données l'installation de ce service, et le nombre d'hommes qui y étaient employés, ainsi qu'à la construction des ponts d'Ebersdorf, à celle des cinq bacs de l'île Alexandre, à la descente des radeaux de Vienne aux ponts, à la recherche des barques de toutes dimensions, soit pour les ponts, pour les vivres ou tout autre service, à l'installation des quatre bacs qui devaient passer des troupes dans le canal de l'embouchure, à la construction de plusieurs pontons, à la réparation et à l'installation de diverses grosses, moyennes et petites barques, je ne m'en occupais pas moins, sans relâche, de l'installation, et armement de dix bateaux canonniers, portant dix-neuf bouches à feu de différents calibres. Vous savez avec quelle activité, je fis travailler à toutes ces opérations, depuis le 1er juin jusqu'au 3 juillet, que la flottille destinée à protéger la navigation du Danube, à faire des expéditions sur les îles et à seconder les opérations de l'armée, arriva à son poste au-dessous d'Ebersdorf, île Napoléon, et prête à combattre au premier signal.

« Conformément aux ordres de S. M. l'Empereur et Roi que vous me transmîtes le 4 de ce mois, et à ceux que Sa Majesté me donna elle-même verbalement le même soir à 8 heures 3/4, je partis de ma position des ponts d'Ebersdorf à 9 heures, avec huit bateaux canonniers, trois bateaux moyens et vingt bateaux de transports, portant 1,500 hommes du général Oudinot, commandés par le général de brigade Conroux, pour aller attaquer les ennemis qui étaient sur la rive droite du canal de l'embouchure, et, pour y faire débarquer les 1,500 hommes sur la pointe du Hansel-Grund, sur l'île de Mühlleuten. Je descendis donc le Danube, ayant tout bien fait disposer sur les huit bateaux canonniers pour faire une vive canonnade et fusillade sur l'ennemi, et j'avais donné l'ordre de ne commencer le feu qu'au premier coup de canon ou de fusil que l'ennemi tirerait sur la flottille. Les vingt transports venaient immédiatement après le dernier bateau canonnier, et j'avais mis M. Benoist, lieutenant de la 8ᵉ compagnie du 44ᵉ bataillon de flottille, pour marcher à la tête de ces transports et les diriger sur le point où devait s'opérer le débarquement; il devait avoir lieu sous la protection du feu du canon de la flottille. Je lui avais donné à cet effet un bateau moyen, bien armé, dans lequel il était ainsi que le général Conroux. J'avais fait voir plusieurs fois à tout le monde l'endroit que nous devions faire évacuer à coups de canon et à coups de fusil, et j'avais bien expliqué à chacun tout ce qu'il avait à faire.

Enfin, j'arrivai par le travers des batteries ennemies à 9 heures et demie, à la faveur d'une nuit obscure. Avant d'être embossé, l'ennemi fit sur nous la première décharge de ses canons, et la fusillade commença. Comme je l'avais ordonné, ce fut le signal du combat. Je me trouvai dans ce moment avec le bateau canonnier le *Saint-Hilaire,* que je montais, à demi-portée de pistolet du rivage ennemi. Mes trois canons de six et mon obusier de 6 pouces ne firent, pour ainsi dire, qu'un coup; la fusillade commença au même moment, et tous les autres bateaux canonniers imitèrent ma manœuvre, comme c'était convenu. Notre feu du canon et du fusil fut si vif, et nos batteries de terre qui étaient vis-à-vis celles de l'ennemi le secondèrent si bien, que dans moins d'une heure, à compter de l'instant où nous nous embossâmes, l'ennemi évacua ses batteries et battit en retraite dans le plus grand désordre. J'en profitai et je m'emparai d'un canon de 3 que je leur fis abandonner. Le sergent-major Deschamps de la 7ᵉ compagnie, Kerdellant de la 9ᵉ, Lequelec de la 4ᵉ ; les sergents Martin et Noël de la 5ᵉ furent ceux qui sautèrent les premiers dans les batteries ennemies. Aussitôt après, le débarquement des 1,500 hommes se fit. Déjà, depuis un quart d'heure, j'avais fait cesser le feu à la flottille, lorsque la descente commença.

« Cependant, tandis que j'organisais les huit bateaux canonniers qui devaient protéger le débarquement et les vingt transports où devaient embarquer les 1,500 hommes du corps d'armée du général Oudinot, je fis partir, par ordre de l'Empereur, deux bateaux canonniers, le *Lodi*, capitaine Dumont, et l'*Arcole*, commandé par M. Fouchard, lieutenant dans la 6ᵉ compagnie, pour remonter le Danube et aller canonner l'ennemi dans les îles vis-à-vis le Prater, et pour aider les bateaux moyens à arrêter tout ce qui pourrait descendre sur les ponts d'Ebersdorf, ainsi que pour soutenir la gauche du corps d'armée de S. E. le maréchal Masséna. Ces deux bateaux canonniers occupèrent l'ennemi dans la nuit du 4 au 5 et l'inquiétèrent beaucoup dans la journée du 5. Ils rendirent de grands services sous différents rapports, car ils arrêtèrent aussi avec les 20 bateaux moyens, armés en péniche, trois brûlots, chargés d'environ 5,000 livres de poudre, deux barques chargées de pierres, trois chargées de terre avec deux moulins. Ils brûlèrent les barques chargées de pierres et de terre, les moulins furent amarrés sur une île, et les brûlots déchargés et la poudre remise à M. le général d'artillerie Nourry.

M. Parmentier, capitaine de la 5ᵉ compagnie du 44ᵉ bataillon de la flottille, qui commandait cette petite division, a parfaitement fait son devoir. Je me félicite d'avoir demandé et obtenu pour lui la croix de la Légion d'honneur dans l'affaire du 21 juin dernier où je me trouvai avec deux canonnières de la flottille. Je sollicite la même faveur pour M. Dumont, lieutenant dans la 2ᵉ compagnie, et pour M. Fouchard, lieutenant dans la 6ᵉ. Tous les deux se sont distingués par leur zèle et leur bravoure, dans différentes expéditions où je les ai conduits. Le premier a eu trois hommes blessés et le second un de tué dans leur canonnière, qui ont, en outre, reçu plusieurs autres boulets. Je demande que le sieur Paquet, sergent-major de la 5ᵉ compagnie, soit fait membre de la Légion d'honneur, ainsi que Réal, sergent-major de la 6ᵉ ; ces deux sous-officiers se sont distingués dans différentes occasions, mais surtout en sautant les premiers à bord d'un brûlot, après y avoir jeté un grapin d'abordage et éteint le feu qui était prêt à se communiquer aux cinq barils de poudre défoncés d'un bout et qui en contenaient chacun environ 300 livres. Le fourrier de cette compagnie s'est trouvé dans le même cas ; il a montré beaucoup de bravoure et de sang-froid et mérite la même récompense, il s'appelle Frappier. Je demande également la décoration de la Légion d'honneur pour le nommé Guilbert, ouvrier militaire de la marine de la 2ᵉ compagnie ; pour Briche, sergent de la 2ᵉ compagnie du 44ᵉ bataillon de flottille, Parquet, matelot dans la 5ᵉ, ainsi que pour Fleureau, novice-trompette dans la 1ʳᵉ. Ils se sont particulièrement distingués dans différentes affaires ; mais surtout dans celle des brûlots.

« Pendant que les deux canonnières, le *Lodi* et l'*Arcole*, ainsi que les 20 bateaux moyens, armés en péniche, rendaient de si grands services à deux lieues au-dessus des ponts d'Ebersdorf, et que les corps d'armée bouleversaient tous les Autrichiens qui se trouvaient devant eux, que les bombes incendiaient la ville d'Enzersdorf, et que nos batteries de gros calibres foudroyaient tout ce qui était en avant de l'île Napoléon, je poursuivais les ennemis d'île en île et j'arrivai à Orth, à 4 lieues au-dessous des ponts, sur la rive gauche du fleuve. Nous tuâmes un grand nombre d'Autrichiens par notre vive canonnade, et fîmes plusieurs prisonniers. J'eus sur les 8 canonnières, 3 hommes tués et 39 blessés grièvement.

Je dois faire les plus grands éloges de M. Regnault, capitaine de frégate, major du 44ᵉ bataillon de flottille. Il m'a parfaitement secondé à Vienne pendant l'armement de la flottille et pour l'installation des transports. Dans la nuit du 4 au 5, il commandait l'avant-garde et montait le bateau canonnier *le Rivoli*. Il a montré une bravoure peu commune et beaucoup de sang-froid. Je demande pour lui qui est légionnaire depuis longtemps la croix d'officier de la Légion d'honneur.

MM. Lefébure, capitaine de la 2ᵉ compagnie, blessé ; Rigoult, capitaine de la 3ᵉ et du bateau canonnier *le Iéna* ; Chatellain, capitaine de la 4ᵉ compagnie et du bateau canonnier *le Montebello* ; Gauvin, capitaine de la 6ᵉ et du bateau canonnier *l'Eckmühl* ; Thuillier, capitaine de la 7ᵉ et du bateau canonnier *le Montenotte* ; Deboisses, capitaine de la 8ᵉ ; Destrais, capitaine de la 9ᵉ et du bateau canonnier *le Rivoli* ; Armand, adjudant-major capitaine du bateau canonnier *l'Arcole* avant M. Dumont, qui alors rendaient de grands services aux sonnettes des ponts d'Ebersdorf ; Bruneteau, lieutenant dans la 5ᵉ compagnie et mon capitaine de pavillon sur le *Saint-Hilaire* ; tous ces officiers se sont très bien conduits, ont servi de la manière la plus distinguée, se sont donné beaucoup de peine et ont montré le plus grand courage. Je demande qu'ils soient tous décorés de la croix de la Légion d'honneur, et j'observe qu'ils ont déjà des droits à des récompenses par leurs anciens services.

« Je demande également que M. Gaudin, capitaine d'artillerie de la marine, commandant la 5ᵉ compagnie d'ouvriers militaires, soit décoré de la croix de la Légion d'honneur. Il mérite cette récompense par ses anciens services ; mais surtout pour ceux qu'il m'a rendus en commandant l'artillerie de la flottille. Il a montré beaucoup de bravoure dans la nuit du 4 au 5.

« Cheylaud, tambour-major du 44ᵉ bataillon de flottille, faisant fonctions de maître-canonnier sur le *Saint-Hilaire*, s'est particulièrement distingué ; ce n'est pas la première fois qu'il me donne des preuves de bravoure. Au Havre, sur la canonnière n° 151, le 14 thermidor an XII, il remplissait aussi avec moi les fonctions de maître-canonnier, et il tint à cette époque une conduite qui méritait une récompense. Je demande qu'il soit fait légionnaire, ainsi que le 1ᵉʳ sergent Fauchet de la 1ʳᵉ compagnie des ouvriers militaires de marine, et Bétourné, caporal de la 3ᵉ, qui étaient également embarqués sur le bateau canonnier *le Saint-Hilaire* et qui s'y sont distingués dans la nuit du 4 au 5.

« Aux cinq bacs de l'île Alexandre, MM. Bourdignon, 2ᵉ lieutenant de la 2ᵉ compagnie ; Fulbert, lieutenant de la 4ᵉ ; Boulanger,

2ᵉ lieutenant de la 7ᵉ; Gilbert et Moreau, capitaines du génie maritime, se sont parfaitement conduits ; je demande pour eux la croix de la Légion d'honneur pour les services qu'ils ont rendus dans différentes occasions, et pour avoir passé de vive force des troupes dans ces bacs, ainsi que pour Gonzal, caporal de la 7ᵉ compagnie, et Trejasson, conscrit marin ; Goyon et Godet, ouvriers militaires de la 4ᵉ compagnie.

« M. Robic, capitaine d'artillerie au bataillon des ouvriers militaires, chargé de la confection des affûts de la flottille, a parfaitement fait son devoir et mérite des éloges.

« M. Bazire, 2ᵉ lieutenant de la 6ᵉ compagnie du 44ᵉ bataillon de flottille, dans la nuit du 4 au 5, a été par mon ordre, dans mon canot, remorquer le bac *le Montebello* sous le feu à mitraille des batteries ennemies. Je demande pour ce jeune et brave officier la croix de la Légion d'honneur, ainsi que pour Delabare, sergent de la 4ᵉ compagnie, aussi du 44ᵉ, qui a eu un homme de tué et deux de blessés mortellement à la pièce dont il était le chef et qui n'en a pas moins continué à faire feu sur l'ennemi, à bord du même bac, armé de quatre canons de 8.

« J'ai aussi des éloges à faire des quatre autres capitaines du génie maritime, de MM. Langlois, Hamart, Daniel et Guillemard. Ils ont tous rendu de grands services ; mais surtout MM. Langlois et Hamart. Je demande pour tous les six la croix de membre de la Légion d'honneur ; ainsi que pour MM. Tronchère, chirurgien-major du 44ᵉ, et Laugier, chirurgien-major du bataillon des ouvriers, qui ont très bien fait soigner et soigné eux-mêmes tous les blessés de ces deux corps. »

Une expédition de ce rapport, ainsi que la relation de l'affaire du 21 juin (le rapport sur cette affaire, daté du 22 juin, a été reproduit dans le précédent article), furent adressées au ministre de la guerre par le capitaine de vaisseau Baste, accompagnées de la lettre qui suit :

Vienne, le 20 juillet 1809.

Monseigneur,

J'ai l'honneur de vous adresser ci-joint, le rapport de l'affaire du 21 juin, où s'est trouvée, une partie de la flottille du Danube, l'état des bateaux canonniers qui composent cette flottille, ainsi que la relation des opérations des bataillons de marins et d'ouvriers qui sont à l'armée d'Allemagne et des affaires où ils ont trouvé occasion de se rendre utiles à l'armée.

Les marins de la Garde sont arrivés ici le 17. L'Empereur en a passé la revue à sa dernière parade et a trouvé qu'ils étaient venus bien vite.

Baste.

Comme l'indique l'intéressant rapport du capitaine de vaisseau Baste, non seulement les marins assurèrent le passage de l'avant-garde du général Oudinot, commandée par le général Conroux, mais ils firent aborder, non sans de grandes difficultés, sur la rive gauche du Danube, au-dessus de l'île Alexandre, les 1,500 hommes qui formaient, sous les ordres du colonel de Sainte-Croix, l'avant-garde du duc de Rivoli.

De leur côté, les ouvriers de la marine, pendant toute la journée du 5, prêtèrent leur concours pour l'établissement des ponts.

Le rapport du capitaine de vaisseau Baste fut transmis à l'Empereur accompagné de la lettre suivante du Major général :

Schœnbrunn, le 28 juillet 1809.

Sire,

Le capitaine de vaisseau Baste sollicite des récompenses pour les marins de la Garde[1], les matelots et les ouvriers de l'armée qui se sont le plus distingués dans les opérations dont la marine a été chargée sur le Danube.

Il demande une croix d'officier pour le capitaine de frégate Regnault et quarante-cinq croix de légionnaire.

Quoique ce nombre me paraisse considérable, je soumets néan-

---

1. Comme on le voit, le Major général lui-même commet l'erreur si fréquente de citer les *marins de la Garde* à propos des événements militaires de la campagne de 1809. Ils n'arrivèrent à Vienne, comme nous l'apprend la lettre du capitaine de vaisseau Baste au ministre de la guerre, que le 17 juillet. L'armistice de Znaïm était signé depuis cinq jours et l'Empereur rentré à Schœnbrunn, où il passa en revue, comme on le sait, les marins de la Garde, lors de leur arrivée.

moins le projet de décret à votre Majesté et j'y joins le rapport du colonel Baste, pour la mettre à même de juger si son intention est d'accorder ces décorations en totalité ou seulement en partie.

Le Vice-Connétable Major général,
ALEXANDRE.

L'Empereur, à la suite du rapport du capitaine de vaisseau Baste, accorda de nombreuses récompenses aux marins de la flottille et aux ouvriers de la flottille.

Après Wagram et Znaïm, le rôle des marins n'était pas terminé.
En face de la menace d'une reprise des hostilités, l'Empereur se dispose à porter le dernier coup à la monarchie autrichienne et, de nouveau, les marins se préparent à collaborer aux opérations de l'armée.

La signature de l'armistice de Znaïm n'avait pas enlevé au souverain d'Autriche l'espérance d'un retour de la fortune. L'Empereur était parfaitement renseigné sur les desseins de son adversaire. Aussi, loin de laisser à son armée un repos qui ne paraissait pas assuré du lendemain, prenait-il les mesures nécessaires pour faire face à toutes les éventualités.

Parmi ces mesures, il faut noter celles qui ont trait à la réorganisation des équipages de ponts, ainsi que celles ayant pour objet d'apporter aux moyens de passage du Danube les modifications nécessitées par la possession d'une partie importante de la rive gauche du fleuve. A cette occasion, on fit appel au concours des troupes de la marine.

Ainsi, il est dit dans un ordre du major général, en date du 17 juillet : « A la suite de la garde, il y aura un équipage de 60 pontons et de 60 haquets portant leurs poutres, madriers, ancres, cordages, etc., etc. Il y aura à la suite des 60 pontons de la garde, le colonel directeur des ponts et 3 à 4 compagnies de pontonniers, les marins de la garde quand ils seront arrivés et une ou deux compagnies des bataillons de la marine. »

C'était aux marins de la flottille et aux ouvriers de la marine que devait, en grande partie, incomber le soin de réunir et de réparer les bateaux nécessaires à cet équipage, comme l'indique, du reste, la lettre suivante du major général au général Bertrand.

Schœnbrunn, le 17 juillet.

. . . .
. . . .

« L'Empereur ordonne que tous les bateaux armés restent à Ebersdorf, que le pont d'une pièce soit démoli et que les 4 bacs remontent à Vienne.

« L'intention de S. M. est que tous les bateaux qui peuvent se trouver sur le bras du Danube dit du Lobau soient remontés et amarrés à la tête de pont, tous les autres seront brûlés, de sorte qu'à dater du 18 ou du 19 à midi, au plus tard, il n'y ait pas un seul moulin, ni un seul moyen de passage sur le bras du Lobau, excepté les bateaux remontés et amarrés à la tête de pont.

« ALEXANDRE. »

Cet ordre de l'Empereur était aussitôt mis à exécution, comme la lettre suivante l'indique, en même temps qu'elle nous montre les marins continuant à concourir à l'organisation du matériel de pont nécessaire.

Vienne, le 21 juillet.

Rapport à l'Empereur par le général Bertrand.

« Hier, le pont d'une pièce et le pont de l'île du Moulin étaient démontés ; les bateaux et les bacs ainsi que plusieurs bateaux ennemis avaient remonté le fleuve, au moins à la hauteur de la tête de pont. Un grand nombre sont déjà arrivés à Vienne, le reste est en route ; 5 à 6 bateaux seulement ont été brûlés.

« Il ne reste dans le bras que des radeaux, mais il y en a bien plus de 12. Je vais à Ebersdorf et je réunirai, pour leur démolition, tous les bras dont on pourra disposer. Ces bois seront ensuite conduits au pont de pilotis pour les réparations en cas d'événement.

« La marine a réuni à Vienne 30 bateaux, 29 sont arrivés hier de Mölk ; Votre Majesté peut donc disposer de 60 bateaux.

« BERTRAND. »

Décision de l'Empereur.

Schœnbrunn, le 21 juillet.

Aussitôt qu'on aura assez de bateaux, faire un second pont de bateaux du côté de Korneuburg ; me présenter avant l'emplacement.

Les marins ont donc été, après comme avant la signature de l'armistice, les émules des pontonniers.

Le réapprovisionnement de l'armée en vivres, munitions et effets de toute nature s'imposait de la manière la plus sérieuse aux préoccupations de l'état-major.

Le Danube définitivement conquis, du moins jusqu'à Raab, devenait la grande artère qui devait faire parvenir à l'armée toutes les ressources matérielles nécessaires et servir en même temps de route stratégique, susceptible de transporter des renforts là où la nécessité s'en ferait sentir.

La lettre ci-jointe du Major général au général Bertrand trace, à ce sujet, le rôle attribué aux marins pendant cette période d'attente.

Schœnbrunn, le 17 juillet 1809.

« L'Empereur ordonne, Général, que vous envoyiez 3 officiers de marine, savoir : 1 à Ulm, 1 à Ratisbonne et 1 à Linz, lesquels correspondront avec le général Lariboisière, commandant l'artillerie, et avec l'intendant général pour activer et assurer la navigation du Danube, de manière que tout ce qui est nécessaire à l'armée puisse y arriver rapidement. Vous garderez à Vienne pour le service d'Ebersdorf la 8ᵉ partie des marins et vous enverrez le surplus à Passau, pour faire le service de la navigation de Passau à Vienne ; ils y gréeront une grande quantité de bateaux pour amener des blés, des biscuits, des objets d'artillerie et les effets d'habillement et d'équipement pour l'armée. Le colonel Baste restera à Vienne, il verra l'intendant général et le général Lariboisière et correspondra avec eux pour activer la navigation, l'arrivage des subsistances, tant pour Vienne que pour l'armée, celle des munitions de guerre, etc.

« ALEXANDRE. »

Le but de l'Empereur était de créer définitivement, sur le Danube, un service de transport entièrement confié aux marins du 44e bataillon de la flottille, lorsque ceux-ci auraient acquis une connaissance approfondie de la navigation du fleuve. En attendant, un certain nombre d'entre eux devaient monter les bateaux du commerce et former en quelque sorte le commandement et l'élite de l'équipage de ces bateaux.

Le major général adresse ainsi de Schœnbrunn l'ordre suivant :

17 juillet 1809.

Au Commissaire des guerres en résidence à Ulm.

« On lui expédie un ordre pour que tous les marins de la garde et les autres marins [1] venant de Paris s'arrêtent à Ulm où ils s'embarqueront sur des bateaux chargés de vivres, de grains, de munitions et d'effets destinés à l'armée.

« ALEXANDRE. »

Le 30 juillet, l'Empereur donne au major général l'ordre suivant :

« Les 1er, 2e, 3e et 4e bataillons de marche du duc de Rivoli, faisant près de 2,000 hommes et venant de Paris, seront le 3 ou 4 août à Linz ; donnez ordre qu'ils soient embarqués sur des bateaux jusqu'à Krems...

« Le ministre de la guerre me mande que 1,100 hommes de la 13e brigade provisoire sont partis de Strasbourg le 9 juillet pour venir à Vienne : Avez-vous des nouvelles de ce détachement ? Il faudrait le faire embarquer à Passau. »

Le Danube qui, jusqu'à ce jour, n'avait été utilisé que pour l'ex-

---

1. Une compagnie de marins partie de Rochefort arrivait le 17 juillet à Strasbourg ; elle devait continuer sa route en poste sur l'armée. Il en est de même d'une compagnie d'ouvriers de la marine, qui, venant de Boulogne et arrivée le 13 juillet à Strasbourg, continuait sa route en poste.
Quant aux marins de la garde, ils arrivèrent le jour même à Vienne, le 17 juillet.

pédition du matériel d'artillerie et des vivres, va devenir une voie importante pour le transport accéléré des troupes.

L'Empereur adresse les ordres suivants concernant cette question d'un intérêt si considérable :

Camp impérial de Schœnbrunn, 10 août 1809.

Ordre.

Il sera mis en construction, à Passau, 30 bateaux capables de porter 200 à 300 hommes. 10 seront faits par économie et par les ouvriers de la marine qui sont à Passau ; 20 seront achetés, ce qui fournira un transport de 6,000 à 9,000 hommes : l'ingénieur de la marine déterminera un gabarit uniforme pour tous les bateaux destinés au transport des troupes et tel qu'ils puissent naviguer par les plus basses eaux. Un ingénieur de la marine sera spécialement chargé de veiller à leur bonne construction.

. . . .
. . . .

Il sera fait à Vienne un recensement de tous les bateaux qui appartiennent à l'armée ; ils seront remis à la marine ; un ingénieur de la marine sera chargé de les faire mettre en état. On leur affectera une place sûre et convenable pour la facilité des travaux.

Les bateaux qui appartiennent au commerce auront un emplacement spécial. Les négociants qui voudront faire remonter leurs bateaux en seront libres.

L'intendant général fera un rapport sur le halage et les moyens à employer pour organiser le retour des bateaux en remontant jusqu'à Linz et Passau [1]. En rassemblant les bateaux arrivant à Vienne, la marine aura des moyens pour transporter 20,000 hommes sur le Danube.

Le colonel Baste fera mettre sur chaque bateau qui descendra à Raab 3 marins, qui apprendront la navigation du Danube. Ils reviendront à Vienne en poste et recommenceront le voyage, de sorte qu'on puisse aller à Raab sans le secours des gens du pays.

La navigation de Passau à Vienne se fera par le bataillon des marins, qui étudieront le cours du fleuve de manière à pouvoir se

---

1. Les bateaux ne remontaient jamais le fleuve ; suivant l'expression consacrée, ils étaient *déchirés* lorsqu'ils arrivaient à destination.

diriger seuls ; lorsqu'il sera nécessaire d'en faire retourner à Passau prendre d'autres bateaux, ils seront envoyés en poste.

Le colonel Baste présentera un projet pour l'organisation de 2 compagnies de pilotes; l'une fera le service de Passau à Vienne, et l'autre de Vienne à Raab. Il placera des officiers de marine à Ulm, à Donauwörth, à Ingolstadt, à Ratisbonne, à Passau, à Linz, à Mölk, à Vienne et à Raab. Ces officiers auront avec eux un bateau armé pour faire la police de la rivière et visiter tout ce qui passera.

Les lieux d'embarquement où devront s'arrêter les bateaux passant à Passau, Linz, Mölk et Vienne seront fixés, et il y sera placé un poste de marins.

Le colonel Baste fera un rapport sur la navigation du Danube.

L'intendant général, le général commandant en chef l'artillerie et le général Bourcier sont chargés de l'exécution du présent ordre [1].

NAPOLÉON.

---

1. L'Empereur s'attendant à une reprise des hostilités dont la Hongrie devait être le théâtre, faisait du Danube la grande ligne d'étapes qui rejoignait la France à l'armée.

Le major général avait adressé le 5 août au ministre de la guerre, la lettre suivante :

« J'ai l'honneur de vous prévenir, Monsieur le Comte, que d'après les intentions de l'Empereur, la grande route d'étapes de l'armée est maintenant établie par Passau au lieu de passer par Braunau.

. . . .

L'infanterie sera transportée de Passau à Vienne, dans des bateaux sur le Danube, autant qu'il sera possible d'avoir les moyens de transport. »

ALEXANDRE.

Depuis l'armistice la voie du fleuve devenait de plus en plus active; nous citerons quelques exemples des transports journaliers faits par cette ligne d'étapes qui donneront une idée des services que l'Empereur en attendait, au cas où la guerre eût recommencé :

Rapport du général Bourcier, gouverneur de Passau. 1er août.

« Il est parti ce matin 2 bateaux chargés de munitions d'artillerie pour Vienne.

Il est arrivé hier soir 15,200 livres de poudre qu'on va charger sur bateaux pour Vienne.

Il a été expédié par bateaux, de Passau sur Vienne, du 27 au 29 juillet, 1,084 boisseaux de blé, 1,343 de seigle, 270 d'orge, 1,084 d'avoine. »

Rapport du général Bourcier. 4 août.

« Il est parti aujourd'hui un grand bateau pour Vienne chargé d'avoine, seigle et froment. Deux autres bateaux sont en chargement de biscuit et de grains. »

Rapport du général Bourcier. 9 août.

« Six bateaux chargés de munitions et de 113,000 livres de poudre ainsi qu'un bateau chargé, savoir : de 16,686 boisseaux d'avoine, 960 quintaux de seigle, 10,500 che-

Le capitaine de vaisseau Baste, en vertu des ordres précédents, partit de Vienne pour Raab avec un détachement de marins dans le but de faire la reconnaissance du Danube entre ces deux points.

Le rapport qui suit nous fait connaître les péripéties de ce voyage.

---

mises sont partis pour Vienne Un autre bateau, chargé de biscuit et de farine, est prêt à partir. »

Tous ces bateaux sont convoyés par des marins de la flottille.

Le même jour, le général Bourcier écrit au major général :

Monseigneur,

« J'ai l'honneur de rendre compte à Votre Altesse Sérénissime que les deux canonnières construites à Passau sont parties aujourd'hui de cette place pour se rendre à Vienne, quoiqu'elles ne soient pas entièrement terminées; mais les ouvrages qui restent à faire ne sont point assez essentiels, pour qu'à défaut de leur confection, la navigation des canonnières ne puisse avoir lieu.

Avec les deux canonnières est partie la 6ᵉ compagnie d'ouvriers militaires composée de :

1 capitaine,
1 lieutenant,
1 officier de santé

Et 100 sous-officiers et ouvriers.

Il est resté de cette compagnie à Passau 1 sergent, 1 caporal et 14 ouvriers qui sont nécessaires à M. le général Chambarlhaic pour la continuation des ouvrages de fortification. »

Le commissaire des guerres de la place d'Ulm prévient, le 8 août, l'intendant général Daru qu'il expédie sur le Danube : 150,000 kilos de poudre, 65,000 projectiles, 60 canons avec leurs affûts, 20,000 fusils, 4,000 pistolets, 2,000 sabres, etc.

De Linz, le 7 août, le général Demont informe le major général que le 2ᵉ bataillon de marche, à l'effectif de 542 hommes, destiné au 4ᵉ corps s'est embarqué à destination de Krems.

Rapport du général Bourcier daté de Passau, le 7 août.

« Il est parti de Passau pour Vienne, savoir :

Un bateau chargé de.. { 118,000 rations de biscuit.
{ 1,518 quintaux de farine de froment.

Un bateau chargé de.. { 1,896 quintaux de seigle en grains.
{ 13,407 rations de biscuit.

On charge un autre bateau en farine et biscuit.

Il est passé à Passau allant à Vienne :

17 grands bateaux chargés de blé.
8 petits —
8 bateaux chargés de bœufs. »

On pourrait multiplier ces exemples de l'emploi du Danube comme ligne de transport, de la collaboration active des marins au service de l'arrière et surtout de la puissance d'organisation et de la haute prévoyance de l'Empereur.

Raab, le 24 août 1809.

Rapport fait à M. le général Bertrand par le capitaine de vaisseau colonel Baste.

« Mon Général,

« Je partis de Vienne le 21 à 4 heures du matin, d'après l'autorisation de S. M. l'Empereur, pour visiter le Danube jusqu'ici. J'avais avec moi 4 officiers de marine, avec 4 bateaux moyens dont un chargé de 6,000 kilogr. de poudre, 15 marins de la garde et 25 du 44e bataillon de flottille. Je ne restai qu'une demi-heure pour passer les ponts d'Ebersdorf, sur la rive droite, du côté même du village, et nous arrivâmes à Presburg le même jour à midi.

« De Vienne à Presburg, mais surtout depuis Ebersdorf, la navigation est facile et il y a assez d'eau pour des grands bateaux chargés. Il faut faire attention aux moulins que l'on rencontre sur les deux rives, et qui sont toujours placés dans l'endroit où le courant est le plus rapide et où il y a le plus d'eau. Cette précaution est d'autant plus nécessaire, que le courant jette toujours sur les moulins et qu'il est de la plus grande importance de les éviter pour ne pas courir de grands dangers en tombant en travers dessus, attendu que comme ils sont enchaînés ils doivent résister au plus grand choc ; et les bateaux qui auraient le malheur de tomber dessus, pourraient se briser ou être coulés. L'on peut se préserver de ce danger en y faisant attention et en prenant des précautions à l'avance.

« Je trouvai à Presburg un cinquième bateau armé par 15 marins du 44e bataillon. J'avais expédié ce bateau 2 jours avant mon départ de Vienne, chargé de 74 soldats saxons qui m'avaient témoigné le désir de rejoindre leur corps par eau. Je passai tout le reste de la journée du 21 pour voir Presburg et pour prendre des renseignements sur les divers bras du Danube, de cette ville à Raab, afin de descendre toujours sans le secours des bateliers du pays, conformément aux intentions de l'Empereur.

« Je donnai donc des ordres pour continuer notre navigation, et le 22 à 5 heures du matin, nous quittâmes Presburg avec les 5 bateaux, y compris celui chargé de 30 barils de poudre, que M. le général Lariboisière m'avait prié de faire conduire à Raab.

« Je marchais toujours devant, et, comme déjà j'avais expédié 2 officiers avec 3 bateaux moyens et 50 marins avec ordre de prendre au-dessous de Presburg le canal qui mène à Raab, je voulais reconnaître le grand Danube ; je dirigeai en conséquence ma route pour le parcourir en laissant à cet effet le canal à droite. La différence qu'il y a de Vienne à Presburg, à celle de Presburg à l'embouchure du canal de Raab est extraordinaire par la difficulté de la navigation. Ce qui augmentait cette difficulté, c'est l'eau qui est très basse, un grand nombre de moulins qu'il y a sur les deux rives et près de 200 îles qu'on y trouve. Je me suis arrêté le même jour 22 à Asvany, à 4 lieues par terre de Raab, sur la grande île, et j'en suis parti à 3 heures de l'après-midi. Je pense que si l'on avait à envoyer 20,000 hommes à Raab, c'est dans cet endroit où l'on devrait les débarquer. Il y a une grande plaine et un bon chemin pour aller à Raab même avec des voitures et des bagages. Nous partîmes donc d'Asvany à 3 heures, nous nous arrêtâmes le soir à 7 heures à un petit village à 4 lieues plus bas, où nous passâmes la nuit. A 4 heures et demie du matin le 23, nous nous mîmes en route pour aller chercher l'embouchure du canal de Raab, où nous arrivâmes à 7 heures. Cette embouchure est d'autant plus facile à reconnaître, qu'il y a au moins 25 moulins qui sont mouillés avec des chaînes au milieu du Danube, et que c'est le seul endroit depuis Passau, où j'en ai vu qui ne fussent pas amarrés à terre. Aussitôt entrés dans ce canal dans lequel le courant n'est pas même aussi fort que sur le petit bras de l'île Napoléon lorsque l'eau est basse, et où nous remontions facilement à la rame, je débarquai, j'examinai le Danube et ensuite je me mis en route pour me rendre à Raab, d'où j'étais à deux grandes lieues et près de trois.

« Jusque-là, je n'avais vu, dans mon trajet depuis Presburg, que 3 petits postes autrichiens dont 1 d'infanterie et 2 de cavalerie. J'avais demandé aux meuniers de l'embouchure, s'il n'y avait pas de troupes autrichiennes dans les environs et ils m'avaient dit que non. Je faisais remonter mes 5 bateaux à la cordelle pour aller plus vite et j'étais sur la rive droite du canal, lorsque j'aperçus un officier et 3 hussards qui venaient à nous. Je m'arrêtai un moment pour causer avec l'officier qui parlait un peu français et qui me dit être de la noble Insurrection ; il avait avec lui un hussard qui parlait italien. Cet officier fort étonné sans doute de voir 5 bateaux sur lesquels le pavillon français flottait, me demanda d'abord mon passe et ensuite qu'il fallait m'arrêter pour aller parler à son colonel et à son général ; je lui donnai au crayon mon nom et mes qualités et je lui dis que je n'avais pas d'affaires avec son général, mais que s'il avait besoin de me parler il me trouverait à Raab, où j'allais me rendre. Voyant que je ne lui donnais pas de raisons satisfaisantes et que d'après des ordres que j'avais donnés même en causant avec lui, l'on faisait à bord de mes bateaux des dispositions militaires, il me souhaita le bonjour et s'en fut ventre à terre rejoindre un détachement d'environ 60 hommes que j'avais aperçus, tous hussards aussi. Ils ne tardèrent pas à venir me voir comme je m'y étais attendu ; et au moment où je m'arrêtais dans un endroit difficile pour la cavalerie, puisque nous entrions dans la boue et dans l'eau jusqu'à moitié jambes, pour nous embarquer, il vint me dire d'un ton plus rassuré de m'arrêter et de venir parler à son colonel. Je fis de suite filer 3 bateaux avec l'ordre d'aller m'attendre sur la rive gauche du canal et de faire charger les armes ; de mon côté avec mes 2 bateaux j'en fis autant, ce qui étonna l'officier hongrois et l'obligea à me demander pourquoi je prenais de pareilles mesures. Mais pendant que je parlais avec lui pour donner le temps à mes 3 bateaux les plus mal armés, dont celui chargé de poudre était du nombre, de s'éloigner et de doubler une île, je m'aperçus que l'officier autrichien faisait filer un détachement au grand galop pour aller passer dans un bac que j'avais vu près de l'embouchure et afin d'avoir des troupes sur les deux rives du canal. Dès que j'eus connaissance de son dessein, je hélai à mes 3 bateaux qui venaient d'arriver sur la rive gauche, de pousser au large et de se tenir à la rame au milieu du canal, et je dis à l'officier que pour lui prouver que je ne voulais pas m'arrêter j'allais me mettre en route, ce que je fis avec beaucoup d'ordre, en faisant observer le plus grand silence. Comme je l'avais prévu, 15 hussards arrivèrent sur la rive gauche du canal. Mes 5 bateaux étaient alors au milieu en ligne de bataille, amarrés à 5 brasses les uns des autres, et moi à la tête donnant la remorque aux 4 autres avec ordre à tout le monde de ne point commencer l'attaque ; mais de faire un feu très vif et de bien ajuster l'ennemi s'il tirait un seul coup de pistolet sur nous. Les 15 hussards prirent un officier de marine, M. Lefebvre, que j'avais expédié la veille d'Asvany pour Raab, et qui venait à notre rencontre. Il fut rendu dans l'après-midi du même jour, et vint me joindre à Raab.

« Nous marchions donc dans cet ordre, et les ennemis nous suivaient sur les deux rives du canal, ayant rallié environ 120 hussards, et plusieurs officiers me disant de m'arrêter pour aller parler à leur colonel, ayant alors le pistolet à la main, je leur fis toujours la même réponse et j'y ajoutais souvent que je ne voulais pas rompre l'armistice, mais que s'ils m'attaquaient, je me défendrais avec le même acharnement que si nous étions en guerre, et que je me rendrais à Raab malgré toutes leurs dispositions. Après avoir fait une lieue ils m'adressèrent de nouvelles menaces et me dirent qu'ils allaient armer 4 bateaux du côté de Raab, et qu'ils viendraient m'attaquer sur l'eau, je leur répondis que je les y attendais, et à l'instant je donne l'ordre de faire prisonnier tout ce qui arriverait sur ces bateaux et de les couler ensuite. En effet, à 10 heures, à demi-lieue de Raab, je vis 2 bateaux moyens qui avaient traversé 25 hussards sans chevaux; les 15 qui nous suivaient d'abord n'avaient pas pu passer un canal et s'en étaient retournés. Depuis ce petit canal je faisais tirer à la cordelle, à raison de 4 hommes par bateau, ayant chacun leur fusil en bandoulière ainsi que leur giberne. Un officier avec 20 hommes armés marchait en avant, avec ordre de faire feu sur les 25 hussards, s'ils tiraient sur lui et de les faire prisonniers de suite.

« Pendant ce temps, je donnais ordre aux autres officiers de se disposer à faire tirer sur l'autre rive, où il y avait environ 100 hussards et le colonel. L'officier qui commandait les 25 hussards qui étaient sur la rive opposée, vint encore me dire de m'arrêter. Je lui répondis que qui que ce soit ne me ferait arrêter une minute, et qu'il eût à faire former la haie par ses troupes pour me laisser passer. Ils sentirent bien qu'ils avaient poussé l'entêtement trop loin et voyant qu'ils avaient moins d'espoir que jamais de réaliser leur intention, surtout lorsque j'eus passé malgré eux, les 25 hussards se rembarquèrent de nouveau, furent rallier le gros de leur troupe, et je continuai ma route pour Raab, où j'arrivai hier à

11 heures du matin, tout étonné de n'avoir pas eu une affaire sérieuse avec ces hussards.

« Aussitôt après mon entrée à Raab, j'en rendis compte à M. le Général gouverneur, et je le prévins de ce qui s'était passé entre les hussards hongrois et nous, ce dont je viens de faire mention plus haut [1].

« Baste. »

La reconnaissance du Danube, de Vienne à Raab, que venait d'accomplir, non sans difficulté, le capitaine de vaisseau Baste, allait lui permettre, conformément aux ordres de l'Empereur en date du 10 août, d'organiser sur le fleuve le transport de 20,000 hommes de Vienne à Raab.

Depuis quelques jours déjà, les marins de la flottille s'occupaient de rassembler les bateaux nécessaires et les ouvriers de la marine les organisaient pour le transport des hommes et des munitions, en même temps qu'ils installaient à Vienne et au-dessous d'Ebersdorf des moyens suffisants pour l'embarquement des troupes.

Cette organisation pour le transport rapide de 20,000 hommes en Hongrie avait, à cette époque, un véritable degré d'urgence, les négociations pour la paix traînaient en longueur, et l'on s'attendait d'un jour à l'autre à la reprise des hostilités.

Le 14 septembre, le capitaine de vaisseau Baste adressait au major général la lettre suivante :

Vienne, le 14 septembre 1809.

Monseigneur,

« J'ai l'honneur de rendre compte à Votre Altesse que 24 de nos marins du 44e bataillon de flottille, avec un sergent, ont conduit, d'Ulm à Passau, trois bateaux qui ont transporté dans cette ville, 800 selles, 40,000 paires de souliers et 56 boucauts de biscuit. Le

---

[1]. Ce rapport avait été transmis à l'Empereur par le major général dans les termes suivants :

Sire,

« J'ai l'honneur d'adresser à Votre Majesté un rapport du colonel Baste contenant les détails de sa navigation de Vienne à Raab et des discussions qu'il a eues avec des postes de hussards autrichiens placés sur le grand Danube entre Presburg et Raab, le colonel Baste ayant voulu naviguer sur ce fleuve pour le reconnaître, au lieu de suivre le canal de Presburg à Raab. »

sergent, ainsi que 8 de ses marins, partis de Passau le 10, avec un de ces trois bateaux, est arrivé à Vienne hier à 3 heures après midi[1], et y a débarqué 191 hommes de 75 régiments différents, dont 1 officier et 6 sous-officiers embarqués à Passau. Je préviens également Votre Altesse que, conformément aux intentions de l'Empereur, nos marins ont navigué sur le Danube, d'Ulm ici, sans le secours des bateliers du pays.

« J'ai également l'honneur de prévenir Votre Altesse que, sur les 200 bateaux que S. M. l'Empereur a prescrit que la marine devait avoir pour transporter 20,000 hommes et faire trois ponts sur le Danube, 189 sont déjà rassemblés, et que 50 charpentiers travaillent à leur installation, dirigés par un ingénieur de la marine à qui j'ai donné des instructions pour cet objet. Si à diverses reprises je n'avais pas expédié 19 bateaux à Raab pour différents transports, le nombre de 200 prescrit par l'Empereur serait complet depuis plusieurs jours.

« Je me suis entendu avec M. le général directeur des ponts, conformément à l'article 7 de l'ordre du 5 du courant, et il a été convenu de tout ce qui est relatif aux trois ponts à jeter sur le Danube. »   Baste.

L'organisation du transport de troupes, ordonné par l'Empereur le 10 août, était terminée le 25 septembre[2]. 216 bateaux avaient été rassemblés et mis en état pour le transport de 25,552 hommes.

S'inspirant de ce qui avait été fait pour la flottille de Boulogne, de 1800 à 1805, le capitaine de vaisseau Baste avait divisé les

---

1. Tandis que les bateaux mettaient de 4 à 5 jours pour se rendre de Passau à Vienne, les troupes employaient 9 jours à parcourir la même distance par la ligne d'étapes.

2. Le capitaine de vaisseau Baste adressait au major général la lettre suivante datée de Vienne, 2 octobre :

Monseigneur,

« J'ai l'honneur d'expédier ci-joint à Votre Altesse le tableau d'organisation des 216 bateaux de transport, qui, comme j'ai eu l'honneur de vous l'annoncer par ma lettre du 15, sont prêts depuis le 25 du mois dernier. Tous ces transports sont réunis sur la rive gauche du canal de Léopoldstadt, au-dessous de la flottille et du pont brûlé, du côté du Prater, vis-à-vis le palais Rosamowski.

Malgré la répartition des marins sur ces transports, la flottille reste toujours armée. »

Baste.

216 bateaux dont il disposait, en 12 divisions. Chacune de ces divisions était commandée par un officier du 44e bataillon de la flottille.

Chaque division, composée de 18 bateaux, était subdivisée en 2 sections de 9 bateaux et chaque section comprenait 3 escouades composées de 3 bateaux chacune.

A bord de chaque bateau, il existait un équipage de 3 à 7 marins de la flottille dont un commandant du bord du grade de sergent ou de caporal.

Le reste de l'équipage était constitué avec des mariniers du Danube.

Chaque bateau était organisé pour le transport de 40 à 160 hommes.

Un état, dont le titre est le suivant :

« *État des bateaux de transport destinés à porter 20,000 hommes de Vienne à Raab, en passant par Presburg, les troupes devant effectuer leur embarquement au-dessous des ponts d'Ebersdorf, sur la rive droite du Danube, ou à Vienne* », signé du capitaine de vaisseau Baste, fait connaître numériquement et nominativement l'organisation de ce transport de troupes sur le Danube. 939 hommes de troupes de la marine constituaient les cadres des équipages de ces bateaux, qui pouvaient, en réalité, transporter 25,552 hommes.

Toutes ces prévisions de l'Empereur n'eurent pas l'occasion d'être appliquées. La paix fut définitivement signée le 14 octobre 1809.

Le service de guerre des marins était terminé.

Les marins de la Garde quittèrent Vienne le 16 octobre et arrivèrent à Strasbourg le 29 novembre.

Le 44e bataillon et les ouvriers militaires de la marine qui venaient de terminer une campagne si pénible pour eux [1] ne devaient quitter l'Autriche qu'avec les dernières troupes.

---

1. Dans une lettre datée du 7 septembre et adressée au major général, le capitaine de vaisseau Baste demandant un secours pour l'habillement de ses troupes, qui est dans le plus piteux état, s'exprime ainsi : « J'observe que depuis leur arrivée à l'armée, le service pénible qu'ils ont fait, dans divers bateaux sur le Danube, pour les descendre et remonter, les ayant obligés souvent de se mettre à l'eau tout habillés pour les haler, porter de prompts secours et faciliter la navigation du fleuve ; ce service, dis-je, et divers autres accidents sont cause que beaucoup d'hommes ont perdu leurs sou-

Le capitaine de vaisseau Baste avait adressé au major général la lettre suivante datée de Vienne le 17 octobre 1809 :

Mon Prince,

« J'ai déjà fait quelques dispositions et préparé neuf gros bateaux de transport, ainsi que la flottille, pour remonter le Danube, jusqu'à Passau, avec le secours de quelques chevaux de réquisition qu'on peut trouver sur l'une ou l'autre rive de ce fleuve. Dans le cas que Votre Altesse n'approuverait pas le départ, par eau, du 44ᵉ bataillon de flottille et du bataillon des ouvriers militaires de la marine, je la prie de vouloir bien me donner des ordres pour vendre ou brûler la flottille de guerre, ainsi que celle des transports et les bateaux qu'on a construits à Ulm et à Passau, le tout au profit des deux bataillons, si on vend. J'observe à Votre Altesse que ces bateaux coûtent assez cher, quand on les achète ou qu'on les fait construire ; mais qu'ils sont de peu de valeur, quand on veut les vendre et surtout dans la circonstance où nous nous trouvons et au moment de l'évacuation de Vienne. Je préviens Votre Altesse qu'en m'entendant avec M. l'Intendant général de l'Armée, j'ai donné des récépissés estimatifs pour presque tous les bateaux qui sont à ma disposition, et qu'avec ces pièces, les propriétaires s'en feront payer le montant par leur Gouvernement.

« J'ai l'honneur de rendre compte à Votre Altesse que sur les neuf transports et la flottille, je pourrai embarquer, indépendamment des deux bataillons, les 12 caissons d'outils des ouvriers, les trois fourgons des deux bataillons, les chevaux, les cantines et tous les bagages, même les malades des deux corps. J'observe aussi à Votre Altesse que presque tous les bateaux qui resteront en sus des 9 précités, ne sont pas propres à remonter le Danube, malgré qu'ils convenaient bien pour descendre ce fleuve de Vienne à Raab ou à Comorn, si cela fût devenu nécessaire.

« Signé : BASTE. »

---

liers et leurs guêtres dans la boue en tirant la cordelle ; d'autres, une partie de leurs effets comme capotes, schakos et sacs qui ont été emportés par les amarres au pont d'Ebersdorf et par les aussières de halage ou perdus dans des bateaux qui ont chaviré et dans lesquels il s'est noyé plusieurs matelots. »

De son côté, le général Bertrand appuyant la demande du colonel Baste, s'exprime ainsi dans son rapport : « Obligés de haler les bateaux à travers les broussailles qui bordent les îles du Danube, obligés de se jeter souvent à l'eau, ils ont usé beaucoup d'effets. »

A la suite de cette lettre, le major général prescrivit au capitaine de vaisseau Baste de charger sur la flottille de transport tout ce qui devait être enlevé de Vienne, c'est-à-dire de nombreuses caisses d'archives autrichiennes et 1,200,000 rations de biscuit, pour les transporter à Passau.

Le 44ᵉ bataillon et les ouvriers militaires de la marine qui étaient remontés à Passau avec la flottille de guerre et de transport reçurent l'ordre de quitter cette ville le 22 décembre pour se rendre à Strasbourg, où ils devaient arriver le 18. Ces troupes étaient désignées pour l'armée d'Espagne.

Le 22 décembre 1809, le capitaine de vaisseau Baste écrit de Passau au ministre de la guerre :

Monseigneur,

« J'ai l'honneur de rendre compte à Votre Excellence que d'après les ordres de S. A. le prince d'Eckmühl et du général comte Bourcier, gouverneur de Passau, dont vous trouverez ci-joint copies, j'ai fait partir aujourd'hui pour Strasbourg le 44ᵉ bataillon de flottille fort de 1,133 hommes et le bataillon des ouvriers militaires de la marine, fort de 772. Je resterai ici avec 8 officiers de marine, 50 sous-officiers ou marins, 10 ouvriers et 1 caporal, pour achever le désarmement de la flottille de guerre et de transport du Danube.

« Pour remettre tous les agrès dans deux petits magasins que j'ai fait affecter à la marine, pour rendre le reste de l'artillerie et des munitions de guerre à l'arsenal, pour finir d'échouer les 11 chaloupes canonnières, pour les placer dans un fossé de la place, sur la rive droite du Danube et enfin pour dresser les inventaires du tout.

. . . .

« Je pense que tous ces travaux seront terminés ici le 28 et que nous pourrons partir et nous mettre en route le 29, pour rejoindre le 44ᵉ bataillon et celui des ouvriers.

« Baste. »

Arrivés à Strasbourg, les marins recevaient l'ordre de se diriger sur Saint-Sébastien.

Dans une lettre adressée au ministre de la marine, voici en quels termes l'Empereur appréciait les services des marins pendant la campagne de 1809 :

Paris, 9 décembre 1809.

M. le vice-amiral Decrès, indépendamment du corps d'ouvriers et marins[1] que commande le colonel Baste, j'ai besoin d'un équipage pareil à réunir le plus promptement possible à Bordeaux. Je destine ce nouveau corps à servir à la suite de mon armée de réserve d'Espagne. Veillez à la formation de ces bataillons, qui m'ont rendu tant de services en Allemagne, et qui doivent m'en rendre encore plus en Espagne, vu la grande quantité de côtes de ce royaume.

NAPOLÉON.

Nous ne voulons pas terminer cette étude sur les marins de 1809 sans parler de leur chef, le capitaine de vaisseau Baste. Son nom est intimement lié à leur histoire, il a sa grande part de tous les exploits qui les ont illustrés dans la guerre continentale.

Baste (Pierre), né à Bordeaux le 21 novembre 1768, commença sa carrière dans la marine du commerce. Mousse et novice de 1781 à 1788 ; pilotin de 1788 à 1789 ; 2e lieutenant de 1789 à 1790 ; lieutenant de 1791 à 1792 ; second capitaine de 1792 à 1793. Il entre alors au service de l'État et commande un brick de 1793 à 1794. Il devient lieutenant de vaisseau le 27 floréal an VIII (17 mai 1800).

Capitaine de vaisseau en 1808.

---

1. Les troupes de la marine que commandait le capitaine de vaisseau Baste cessèrent dans la suite de porter le nom de bataillon de la flottille. Un décret de l'Empereur du 11 septembre 1810 supprime tous les bataillons de la marine impériale et crée en particulier 24 équipages de flottille (chaque équipage est composé d'un état-major et de 9 compagnies à l'effectif total de 1,227 hommes). C'est sous cette dernière appellation que les marins prirent part, dans la suite, aux guerres continentales.

Il fut créé comte de l'Empire, à la suite de la campagne de 1809, en récompense de ses services.

Contre-amiral le 19 juillet 1811, il fut nommé au commandement de la flottille impériale au port de Boulogne, le 25 juillet de la même année.

Baste prit part à toutes les guerres continentales de cette grande époque : aux sièges de Mantoue et de Malte. En Égypte, en Italie, en Prusse, en Autriche, en Espagne, en Russie ; il a parcouru toute l'Europe à la tête de ses marins.

En 1814, le contre-amiral Baste commandait une brigade de voltigeurs ; c'est à la tête de cette troupe qu'il fut tué, le 29 janvier, au combat de Brienne.

Nota. — L'auteur de cette étude ayant entre les mains de nouveaux documents sur la participation des marins aux guerres continentales du premier Empire, compte donner une suite à ce travail.

Nancy, imprimerie Berger-Levrault et Cⁱᵉ.

www.ingramcontent.com/pod-product-compliance
Lightning Source LLC
LaVergne TN
LVHW021732080426
835510LV00010B/1217